그리스도인을 위한
지구 돌봄 안내서

Copyright © 2022 by Karen Elizabeth Painter
Originally published in English as *A Christian's Guide to Planet Earth*
by Zondervan, 3900 Sparks Dr. SE, Grand Rapids, Michigan 49546, U.S.A.

All rights reserved.

This Korean translation edition © 2025 by TEMBOOK, Inc., Republic of Korea.

This Korean edition is Published by arrangement with HarperCollins Christian Publishing, Inc. through rMaeng2, Seoul, Republic of Korea.

이 한국어판의 저작권은 알맹2를 통하여 HarperCollins Christian Publishing, Inc.과 독점 계약한 템북에 있습니다. 신 저작권법에 의하여 한국 내에서 보호받는 저작물이므로 무단 전재와 무단 복제를 금합니다.

그리스도인을 위한
지구 돌봄 안내서

벳시 페인터 지음
김유진 정진화 최지혜 옮김

A Christian's Guide to Planet Earth

템북

나의 조카 메이지와 윈슬로, 로지에게

언제나 하나님이 창조하신 세계를 경이로워하길 바라며
너희에게 더 나은 지구를 물려주고자 이 책을 쓴다.

차례

추천사 ... 9

서문 ... 13

CHAPTER 1. 목마른 지구를 위한 생명의 샘, 담수 ... 19

CHAPTER 2. 떠나고 싶지 않은 친구들, 멸종위기종 ... 33

CHAPTER 3. 지구의 선물, 산과 광물 ... 49

CHAPTER 4. 우리의 숨결, 공기와 하늘 ... 65

CHAPTER 5. 사라져 가는 지구의 허파, 숲 ... 81

CHAPTER 6. 발아래 놓인 생명의 땅, 토양 ... 95

CHAPTER 7. 작지만 위대한 일꾼들, 꽃가루 매개자 ... 111

CHAPTER 8. 자연이 만든 생명의 요람, 습지 ... 125

CHAPTER 9. 바닷속 무지갯빛 놀이터, 산호초 ... 141

CHAPTER 10. 광활하고 신비로운 지구의 심장, 바다 ... 155

CHAPTER 11. 극지방과 지구의 기후 ... 171

미주 ... 190

감사의 말 ... 204

옮긴이의 말 ... 207

부록 ... 210

추천사

제가 디렉터로 섬기고 있는 아로샤(A Rocha USA)는 기독교 공동체로서 하나님의 창조 세계를 돌보는 선교 활동과 생물 다양성 보존을 위한 사역을 꾸준히 이어 가고 있는 단체입니다. 예일대 신학교 재학생이던 벳시와의 만남은 잊을 수가 없습니다. 그녀는 예나 지금이나 하나님이 창조하신 세계를 열정적으로 돌보는 사람입니다. 이 책에서 벳시는 생태 위기에 직면한 그리스도인에게 필요한 통찰력과 실제적인 방법을 제시합니다.

지금 지구는 심각한 위기에 처해 있습니다. 동식물의 서식지는 지속적으로 파괴되고 있으며, 천연자원은 고갈될 위험에 놓여 있습니다. 무분별한 남획으로 생태계가 심각하게 위협받고 있으며, 해양은 우리가 버린 쓰레기로 걷잡을 수 없이 오염되었습니다. 기후는 점점 빠르게 변하고 있습니다. 이 모든 문제는 우리가 해결하기에는 너무 어려워 보입니다. 세계 곳곳에서 일어나는 기후 위기로 인한 재난 앞에서 사람들은 무력감에 빠지고 불안에 휩싸입니다. '기후 우울'과 '생태 불안'이라고 불리는 새로운 심리 용어는 우리에게 재앙이 임박했다는 좌절감과 공포를 느끼게 합니다. 실제로 이와 같은 심리적 현상은 헛된 걱정이 아닙니다. 환경 변화가 우리 생활에 직접적인 영향을 미치고 기후 위기에 대한 문제의식이 높아지면서 자연스레 나오는 이성적인 반응입니다.

아로샤는 20개국에 걸쳐 40년 동안 창조 세계에 깊은 관심을 기울여 온 단체로, 요즘 많은 그리스도인에게 이 거대한 문제 앞에서 무엇을 어떻게 해야 하는지에 대한 질문을 받습니다. 사람들은 창조 세계를 위해 무엇을 할 수 있는지 알고 싶어 하지만 어디서부터 어떻게 실천해 나가야 할지 몰라서 막막해합니다.

『그리스도인을 위한 지구 돌봄 안내서』는 그 시작을 돕는 훌륭한 책입니다. 이 책은 신학적, 과학적 정보를 바탕으로 그리스도인들에게 왜 창조 세계를 돌보아야 할 책임이 있는지를 설명하고, 일상에서 창조 세계를 돌보는 구체적인 실천 방법을 제시합니다. 그리스도인이 지침서로 삼고 지구를 돌보는 데 활용하기에 더없이 좋은 책입니다.

이 책의 중요한 주제 중 하나는 그리스도인이 소망을 잃지 말아야 한다는 것입니다. 여기서 말하는 소망은 맹목적인 낙관주의가 아니라, 모든 피조물이 하나님의 구속에 포함된다는 확신에서 비롯된 것입니다. 하나님의 구원이 모든 피조물에게로 확장된다는 개념은 많은 그리스도인에게

도전이 됩니다. 우리는 주로 인간만이 그리스도 안에서 하나님의 구속을 누린다고 생각하는 경향이 있지만, 실제로 구원은 그보다 훨씬 더 광범위하게 이루어집니다. 물론 인간의 번영도 중요합니다. 그러나 벳시는 회복과 번영의 개념을, 인간을 넘어 다른 피조물에게로까지 확장할 것을 제안합니다.

우리는 이곳이 하나님의 나라이며, 창조주 하나님이 이 땅의 모든 피조물을 사랑하신다는 사실을 항상 기억해야 합니다. 또한, 우리는 창조의 온전한 공동체로 확장되는 하나님의 구속 사역에 영광스러운 동역자로 초청받았으며, 언젠가 하나님이 이 세상을 구원하시고 하늘에서와같이 땅에서도 하나님의 나라를 세우실 것이라는 확신을 가지고 살아야 합니다.

벳시는 우리가 일상에서 지구를 위해 실천할 수 있는 다양한 방법을 제시합니다. 그녀의 아이디어나 제안 중에 여러분의 상상력을 자극하는 것이 있다면 열정을 다해 실천해 보시길 바랍니다.

마크 퍼셀_아로샤 USA 디렉터

서문

> 땅과 거기에 충만한 것과 세계와 그 가운데에 사는 자들은
> 다 여호와의 것이로다
> 시편 24:1

'자연' 하면 떠오르는 가장 오래된 기억은 무엇인가요? 어린 시절, 우리는 대부분 집 밖에 나서기만 하면 바로 자연을 만날 수 있었습니다. 저는 참나무와 버드나무가 늘어선 개울가 오르막에 앉아 흙을 가지고 노는 걸 좋아했습니다. 엄마의 모종삽으로 흙을 퍼서 개미집 언덕을 만들고, 근처 구멍에 풀을 넣어 메뚜기의 잠자리를 꾸몄습니다. 개미와 메뚜기가 함께 사는 집을 만든 거죠.

어린 제 눈에 자연은 경이로움 그 자체였습니다. 제가 보고 만지는 모든 것은 하나님이 지으신 것이었습니다. 길에서 주운 돌멩이부터 두 손가락으로 잡은 메뚜기까지, 모든 것이 특별해 보였습니다. 집 마당에 사는 동물과 곤충에게 집을 지어 주고, 누군가를 돌본다는 책임감에서 짜릿한 기쁨을 느꼈습니다.

어린 시절의 저처럼 하나님도 우리에게 지구라는 놀라운 집을 지어 주

셨습니다. 하나님이 지으신 집인 이 창조 세계를 바라보는 관점은 다양합니다. 어떤 이는 지구를 거리낌 없이 착취할 수 있는 자원으로 여기고, 또 어떤 이는 그저 일상의 배경 정도로만 생각합니다. 하지만 저는 이 책에서 또 다른 관점을 제시하고자 합니다. 사실 이 관점은 새로운 것이 아닙니다. 오히려 기독교 신앙의 오랜 역사 속에서 자연과 관계를 맺어 왔던 방식입니다.

> **이 책을 통해 자연과 창조주와 올바른 관계를 맺고 믿음의 눈으로 세상을 경이롭게 바라보기를 바랍니다.**

이 책을 통해 자연과 창조주와 올바른 관계를 맺고 믿음의 눈으로 세상을 경이롭게 바라보기를 바랍니다. 또한 하나님이 만드신 모든 창조 세계를 사랑으로 대하는 법을 배우기를 바랍니다. 그 과정에서 우리는 지구와 우리의 역할 사이에서 하나님이 설계하신 연결선을 찾게 될 것입니다. 그 역할은 지구에 의존해 사는 사람들과 자연, 그리고 특히 스스로를 보호할 수 없는 약자들을 섬기며, 지구를 다시금 풍요롭게 하는 것입니다. 이 모든 일은 하나님의 영광을 위한 일입니다.

이 사명을 잘 감당하려면 지구 시스템이 어떻게 작동하는지 알아야 합니다. 그러기 위해서 바다부터 땅, 습지, 산림, 하늘에 이르기까지 지구 시스템을 설명하는 과학 지식을 살펴볼 것입니다. 어린 시절, 저는 메뚜기와 개미의 집을 지어 주었지만, 정작 그들이 무엇을 필요로 하는지에 대해서는 알지 못했습니다. 그래서 개미와 메뚜기는 제가 열심히 지어 놓은 집을 무시하고 떠나간 것이지요. 마찬가지로 우리가 지구 시스템에 대한 적절한 지식을 갖추지 못하면 자연을 위한 우리의 노력이 헛될 수 있습니다.

반면 지구와 생태계의 상호의존성을 제대로 이해한다면, 우리는 자연을 더 효과적으로 보존하고 돌볼 수 있을 것입니다.

이 책은 총 11장으로 구성되어 있으며, 각 장은 지구 시스템의 고유한 측면을 다룹니다. 각 장은 먼저 생태계의 기능과 그 생태계가 직면한 문제를 설명하고, 이어서 성경 말씀과 그로부터 얻는 교훈을 탐구해 하나님의 창조 세계에 대한 우리의 감사와 경외를 일깨웁니다. 마지막으로, 우리가 실천할 수 있는 구체적인 방안을 제시합니다. 책에 제시된 여러 실천 방안 중에서 자신에게 맞는 것을 몇 가지 선택해 실천해 보시기 바랍니다. 그런 작은 실천이 하나하나 모여 우리가 지구를 지키는 청지기 역할을 잘 해내게 할 것입니다.

이 책은 우리의 생각과 마음을 행동과 연결하는 데 도움을 주도록 구성되었습니다. 우리를 압도하거나 부담스럽게 하려는 것이 아니라, 세상의 문화와 소비에 얽매인 불안감을 덜고, 좀 더 단순하고 겸손하며 자족하는 삶에 집중할 수 있도록 돕기 위한 것입니다. 우리가 지구를 어떻게 대하는지의 문제는 '우리가 서로의 필요를 얼마나 염두에 두고 우리의 생활 습관과 소비를 결정하는가?'라는 질문과 깊이 맞닿아 있습니다.

저는 환경 보호와 기독교 사역이 조화를 이루는 것을 제 소망으로 삼고, 두 분야의 연관성을 더 깊이 탐구하고자 예일대학교 대학원에 입학했습니다. 그리고 그곳에서 기후 위기의 심각성에도 절망하지 않으며 무관심과 맞서 싸우는 열정적인 사람들과 함께 일하는 특권을 누렸습니다. 그들의 헌신적인 태도는 저에게 큰 감동을 주었습니다. 제가 이 책을 쓰는 이유는 그리스도인이야말로 변화를 이루어야 할 이유를 가지고 있으며, 그 변화를 이루어 갈 소망과 포기하지 않는 믿음의 원천을 가지고 있다고 믿기 때문입니다.

> 우리에게는
> 생명을 사랑하라는
> 복음의 메시지에
> 응답할 기회가 있습니다.

우리에게는 생명을 사랑하라는 복음의 메시지에 응답할 기회가 있습니다. 이제는 고통에 신음하는 피조물을 위해 교회가 먼저 나서서 우리 모두의 집인 창조 세계를 돌볼 때입니다. 모든 것을 새롭게 하시는 하나님을 신뢰하며, 회복과 치유, 화해를 위한 계획을 세우신 그리스도와 같이 창조 세계를 바라보길 소망합니다.

이 책을 읽기 전에 함께 기도해 주세요.

하늘과 땅과 물과 바람, 에너지와 생명을 주관하시는 사랑의 주님,

지구를 창조하실 때 쏟으신 세심한 배려와 돌보심, 그리고 사랑에 감사드립니다. 또한 우리가 이 아름다운 창조 사역에 참여하게 하심에 감사드립니다. 주님과 함께 모든 피조물을 탐구하고 기뻐할 수 있는 눈과 귀, 마음을 주셔서 감사합니다.

하나님이 창조 세계를 통해 주시는 것들을 감사하는 마음과 온화한 방법으로 누리게 하소서. 현세대와 미래 세대를 위해 지구가 지속 가능하도록 우리 각자에게 맡겨진 고유한 역할을 충실히 감당할 수 있도록 도우소서. 주님처럼 세상을 바라볼 수 있도록 성령님으로 우리의 마음을 새롭게 하소서. 주님의 지구가 어디서부터 상처받았는지 보여 주시고, 우리를 빈곤한 이들에게 인도하시어, 신앙 공동체로서 함께 협력하여 이 땅을 치유하고 회복시키게 하소서.

우리는 주께서 하신 모든 놀라운 일을 모든 피조물과 함께 경배하기를 원합니다. 하나님의 영광과 예수님을 통해 약속된 새 하늘과 새 땅에 대한 소망으로 이 땅을 가득 채워 주소서.

예수 그리스도의 이름으로 기도합니다, 아멘.

여호와께서 샘을 골짜기에서 솟아나게 하시고 산 사이에 흐르게 하사 …
그가 그의 누각에서부터 산에 물을 부어 주시니
주께서 하시는 일의 결실이 땅을 만족시켜 주는도다
_ 시편 104:10, 13

여러분은 쏟아지는 폭포수 밑에 서 본 적이 있나요? 폭포 주변으로 자욱하게 피어오르는 안개 위로 펼쳐지는 무지개를 본 경험은요? 폭포를 보고 있으면 물의 웅장한 힘을 느낄 수 있습니다. 바로 이 물의 힘이 거대한 그랜드 캐니언을 조각해 냈습니다. 숨이 멎을 듯한 경외감을 불러일으키는 물은 우리에게 정말 귀중한 자원이지만, 놀랍게도 그 희소성을 아는 사람은 많지 않습니다.

담수란 무엇인가요?

담수는 염분이 리터당 1,000밀리그램 미만인 물로, 사실상 염분이 거의 없는 물입니다. 하천과 강, 연못, 호수 외에 빙하, 빙상, 빙산이 담수에 포함됩니다. 담수의 또 다른 주요 공급원은 지하의 대수층이라고 불리는 다공성 암석층에 있습니다. 비가 내리면 물이 토양으로 스며들어 대수층에 채워집니다. 이 지하수를 우물을 통해 끌어올려 식수로 사용하며 농작물의 관개용수로도 활용하기 때문에 매우 중요한 자원입니다.

오늘날 전 세계적인 환경 문제 중에서 가장 시급한 것은 물이 부족하다는 것입니다. 그러나 이 사실을 믿지 못하는 사람들이 있습니다. 지표면의 대부분이 푸른 바다로 덮여 있기 때문입니다. 실제로 지표면의 약 70퍼센트는 물로 덮여 있습니다. 그렇다면 왜 물이 부족하다는 걸까요? 놀랍게도 지구의 물은 대부분 소금물이고, 이는 식수로 사용할 수 없습니다. 바다와 대양은 모두 소금물이며, 지구의 물 중에서 담수는 3퍼센트에 불과합니다. 하지만 이 중에서도 대부분은 접근 불가능한 곳에 있거나 극지방과 고산지대에 얼어붙어 있어서 우리가 마실 수 있는 물은 전체 물의 극히 일부인 1퍼센트에 불과합니다.

깨끗한 물을 모두에게

진짜 문제는 모든 사람에게 필요한 깨끗한 물이 공정하게 분배되지 못하고 있다는 것입니다. 전 세계 20억 명 이상의 사람들이 안전한 식수를 얻지 못하고 있습니다.[1] 마실 물이 없는 사람이 북·남미 대륙의 인구를 모두 합친 것보다 두 배나 많습니다. 물을 얻지 못한 사람들은 물을 마시거나 요리하고 씻는 등 일상생활에서 어려움을 겪고 있습니다. 만약 가족이 사용할 물을 얻기 위해 반나절을 걸어야 한다면 어떨 것 같나요? 실제로 수많은 여성과 아이들이 일을 하거나 학교에 있어야 할 시간을 물을 길어오는 데 쓰고 있습니다.

깨끗한 물을 공급받지 못하는 문제가 얼마나 심각한 일인지 몇 가지 사례를 통해 살펴보겠습니다.

대수층과 우물

미국의 수질 오염

미국의 일부 호수와 강은 심각한 수준으로 오염되었습니다. 대표적인 사례로 1960년대 오하이오 주의 쿠야호가 강에서 일어난 사건을 들 수 있습니다. 기름 누출과 산업 폐수로 인한 오염으로 쿠야호가 강에 화재가 발생해 불길이 치솟았습니다. 이 사건은 미국 환경 운동의 상징이 되었으며, '지구의 날'이 만들어지는 계기가 되었습니다. 쿠야호가 강은 1972년에 청정수법이 통과되고 오염원을 청소하고 막아 내는 대대적인 작업을 한 후에야 회복되기 시작했습니다.

> 이 사건은 미국 환경 운동의 상징이 되었으며, '지구의 날'이 만들어지는 계기가 되었습니다.

2014년, 미시간 주 플린트의 주민이 수돗물에서 악취가 나고 맛이 이상하다는 신고를 했습니다. 당시 그곳 주민은 대부분 아프리카계 미국인이었으며, 주민의 45퍼센트는 빈곤층이었습니다. 주민들이 수돗물 문제를 당국에 알린 후, 이 사건이 연방 법원에 회부된 2016년까지 아무런 조치가 취해지지 않았습니다. 특히 심각한 문제는 어린이의 성장 발달에 치명적

←

인간은 식수를 대수층에서 얻습니다. 대수층은 포화 상태인 암석과 퇴적물을 관통하여 물을 위로 이동하게 해서 우리가 사용하는 지하수의 상당량을 공급합니다. 대수층에서 나오는 물은 식수의 약 37퍼센트를 차지할 만큼 방대한 양입니다. 우리는 대수층에서 물을 끌어올리는 방법으로 식수를 쉽게 얻을 수 있다는 점에 주목해야 합니다.

인 납으로 오염된 물을 수천 명의 어린이가 1년[2] 넘게 마셔야 했다는 것입니다.

인도 갠지스 강의 눈물

　인도의 담수 상황은 풀기 어려운 퍼즐과 같습니다. 인도의 물 공급은 급변하는 날씨와 밀접하게 연관되어 있어서 계절에 따라 물이 부족하거나 너무 많이 공급된다는 문제가 있습니다. 찌는 듯한 더위에 비도 오지 않는 건기가 있으며, 매년 찾아오는 계절풍은 극심한 강우와 홍수 피해를 동반합니다. 계절풍이 늦게 도착하거나 지속 기간이 짧아지면 도시의 저수지는 금세 말라 버립니다. 어떤 경우에는 물 공급이 완전히 중단되기도 합니다. 2019년, 인도 첸나이에서는 도시로 물을 공급하는 주요 저수지 네 곳이 말라 심각한 물 부족 사태가 발생했습니다. 당시 인도의 다른 21개 도시도 물 공급 감소로 위기 상황에 처했습니다.[3]

　인도 북부의 갠지스 강은 히말라야에서 뱅골 만까지 흐릅니다. 갠지스 강은 4억 명[4]에 달하는 사람들이 사용할 수 있는 충분한 물을 보유하고 있지만, 오염으로 악명 높습니다. 수많은 지역에서 쓰레기와 독성 폐기물, 처리되지 않은 생활하수가 강으로 흘러들어와 강물을 오염시키며, 이는 치명적인 질병을 유발합니다. 인도의 물 문제가 더욱 심각한 이유는 인도에 빈곤층이 많으며, 이들이 모여 사는 곳의 인구밀도가 매우 높다는 데 있습니다. 이들이 사는 지역에는 사회 기반 시설이 매우 부족하여 불규칙한 기후 변화에 적절하게 대응하지 못합니다. 이러한 환경 문제는 제2, 제3세계에 사는 사람들에게 가장 큰 타격을 입힙니다.

우리의 역할

우리가 오염된 물을 정화하고 수자원 시스템을 보호하는 일을 외면하면 강은 메마르고, 사람들은 질병에 걸려 사망할 것이며, 먹거리는 오염될 것입니다. 특히 가뭄에 취약한 지역에서는 물의 수위가 생존을 위협할 만큼 줄어들 수도 있습니다. 따라서 물을 소비하고 보존하는 일에 모두의 지혜가 필요합니다.

미국에서 논의되는 '물 기본권'이란 인종과 경제적 지위에 상관없이 모든 지역사회에서 공정하게 물 문제를 해결하고 깨끗한 수자원을 보호하고자 하는 기초적인 인권을 의미합니다. 깨끗한 식수 공급을 우선순위로 정하는 것은 모든 사람을 돌보는 거룩한 선택입니다. 우리는 우리의 이웃이 누구이며, 그들에게 필요한 것이 무엇인지 알아야 합니다. 즉, 수질이 열악하고 물을 제대로 공급받지 못하는 국가와 도시를 생각해야 한다는 것입니다.

> 깨끗한 식수 공급을 우선순위로 정하는 것은 모든 사람을 돌보는 거룩한 선택입니다.

성경적 관점

깨끗한 물이 필요한 지역사회와 나라, 이웃을 바라볼 때가 하나님의 성품을 따라 행할 수 있는 기회입니다. 마태복음에서 예수님은 "또 누구든지 제자의 이름으로 이 작은 자 중 하나에게 냉수 한 그릇이라도 주는 자는 내가 진실로 너희에게 이르노니 그 사람이 결단코 상을 잃지 아니하리라" 라고 말씀하셨습니다(10:42). 예수님은 자기 백성이 실제로 필요로 하는 것을 채워 주는 일을 매우 중요하게 여기십니다. 그리고 우리도 그렇게 하길 원하십니다. 하나님은 우리가 깨끗한 물을 필요로 하는 곳에 물을 공급하는 일에 초대하십니다. 그 일에 동참하는 것은 그리스도를 닮아 가는 일입니다.

우리를 연결하는 물

창세기 1장 2절에서 알 수 있듯이, 창조 세계가 아직 공허하고 형체가 없었을 때 하나님은 물을 통해 지구상의 모든 생명이 살아갈 수 있도록 계획하셨습니다. 놀랍게도 하나님이 태초에 창조하신 물 분자는 오늘날에도 여전히 순환하고 있습니다. 물은 지구 곳곳에서 증발하여 구름으로 응결되었다가 다시 비나 눈이 되어 땅으로 내려옵니다. 이 자연적인 물의 순환은 바다와 강을 숲과 초원, 습지, 사막과 연결합니다. 더불어 물의 순환은 이 모두를 우리와도 연결합니다. 물은 각 생태계를 다른 생태계와 연결하는 근본적인 힘입니다. 물이 없으면 생명은 존재할 수 없습니다. 우리가 물을 더럽히거나 오염시키는 것은 하나님이 생명을 부여하고 지속하기 위해 마련하신 시스템을 방해하는 것과 같습니다.

우리를 살게 하는 물

인간은 물을 통해 (의도적이고 복잡하게) 창조 세계와 연결되어 있습니다. 우리 몸은 약 60퍼센트가, 뇌세포는 약 85퍼센트가 물로 이루어져 있습니다. 말 그대로 우리는 물 없는 세상을 상상할 수 없습니다. 우리는 물을 마시지 않으면 며칠 이상 생존할 수도 없습니다. 땀을 통해 자연스럽게 몸을 식히고 눈물로 감정을 표현하는 것도 물 덕분입니다. 하나님은 우리에게 물이 필요하도록 설계하셨습니다. 인간은 물과 자연에 의존하여 살아갑니다. 하나님이 우리 몸의 절반 이상을 물로 만드셨고, 끊임없이 물을 필요로 하게 하셨으며, 그 물을 하나님의 창조 세계를 통해 공급받게 하셨다는 사실은 정말 놀랍습니다.

사람들이 깨끗한 물을 마시는 것을 중요하게 여기시는 하나님은 출애굽기에서 모세를 통해 광야의 바위에서 물이 솟아나게 하셨습니다. 만약 그렇게 하지 않으셨다면 하나님의 백성은 분명 물 부족으로 죽었을 것입니다. 또한 하나님은 야곱이 우물을 파서 마을에 물을 공급하도록 하셨습니다. 구약 성경에서, 특히 사막이라는 환경에서 우물은 공동체의 생존을 위한 필수 요소였습니다. 이러한 이야기들은 하나님이 우리의 영적 필요뿐만 아니라 육체적 필요까지 잘 알고 충족해 주신다는 것을 보여 줍니다.

> **하나님은 사람들이 깨끗한 물을 마시는 것을 중요하게 여기십니다.**

우리를 거듭나게 하는 물

성경 전체에서 하나님은 물의 비유를 통해 영적 거듭남을 보여 주십니다. 하나님이 우리의 육체를 물에 의존하도록 설계하신 것처럼, 우리의 영도 변화를 일으키시는 하나님의 임재 없이는 성장할 수 없습니다. 그리스도인의 삶에서 이를 가장 잘 나타내는 사례 중 하나는 아마도 영혼을 깨끗하게 하고 영적 새 생명을 얻는 것을 상징하는 세례식일 것입니다. 예수님도 제자들의 발을 씻기실 때 물을 사용하셨습니다. 베드로는 하나님과 함께하는 거룩한 교제를 위해서는 자신의 영혼이 예수님에 의해 깨끗이 씻겨야 한다는 것을 배웠습니다. 이 모든 사례에서 하나님은 깨끗하게 하는 물을 통해 영적 변화를 물리적으로 보여 주셨습니다. 하나님이 물을 사용하여 일하기로 하셨다는 것은 무슨 의미일까요?

하나님은 물을 사용해 우리에게 평안을 주십니다. "그가 나를 푸른 풀밭에 누이시며 쉴 만한 물 가로 인도하시는도다 내 영혼을 소생시키시고 자기 이름을 위하여 의의 길로 인도하시는도다"(시 23:2-3)라는 말씀처럼 우리가 시냇가에 앉아 시간을 내어 기도할 때, 하나님의 평화가 고요한 물처럼 우리의 근심을 가라앉힙니다. 우리는 창조 세계를 향유하고 하나님의 임재 안에서 쉼을 누리며 회복됩니다. 자연에서 반짝이며 찰랑이는 물의 아름다움은 창조주께서 주신 선물입니다. 그리스도인으로서 우리는 지구를 존중하고 보호해야 할 책임이 있습니다.

하나님은 물이 있을 때 우리에게 평안을 주십니다.

생명을 주고 더러운 것을 깨끗하게 하며, 만족감을 주고 회복을 일으키는 물이 우리에게 얼마나 귀한 선물인지 안다면 수자원과 물 공급을 잘 관리하고, 모든 사람의 실제적인 물의 필요를 충족시키기 위해 최선을 다해야 합니다. 특히 소외된 사람들에게 깨끗한 물을 제공하기 위해 노력해야 합니다.

모두를 위한 지혜

물을 절약하는 생활 습관을 길러요.

거주 지역의 수자원을 세심하게 관리하기 위해 일상생활에서 다음과 같은 물 절약 과제를 실천하세요.

수돗물을 낭비하지 않아요.
- 물을 사용하지 않을 때는 수도꼭지를 잠그세요. 이를 닦는 동안 물을 틀어 놓고 있지는 않나요?
- 싱크대에서 손 설거지를 하는 대신 식기세척기에 그릇을 가득 채워서 사용하세요. 손 설거지를 할 경우에는 설거지통이나 싱크대에 비눗물을 받아 한꺼번에 닦고 헹궈 주세요.

수로 친화적인 빨래를 해요.
- 불필요한 세탁을 피하세요. 입었던 옷은 바람이 잘 통하는 곳에 널어 통풍을 시키고, 얼룩이 생기거나 냄새가 날 때만 세탁하세요.
- 세탁기는 세탁물을 가득 채워서 돌리세요. 에너지를 절약하려면 냉수로 세탁합니다.
- 친환경 세탁 세제를 사용하세요. 성분표에서 인산염처럼 인체에 해로운 화학성분이 있지는 않은지 확인하세요.
- 온라인에서 세탁 세제 제조법을 찾아 마트에서 구할 수 있는 단순한 재료로 나만의 세탁 세제를 만드세요.
- 미세플라스틱 섬유를 포집하는 세탁망이나 필터 등을 사용해 세탁 과정에서 나오는 미세플라스틱 섬유 찌꺼기가 수로와 대기로 유입되는 것을 막아 주세요.[5]
- 새 세탁기를 구입할 때는 에너지 소비 효율 등급을 확인해서 물과 전기를 절약하는 친환경 제품을 선택하세요.

욕실에서도 할 수 있는 일이 있어요.
- 샤워 시간을 3-8분으로 줄이세요. 노래를 몇 곡 정해 놓고 따라 부르며 샤워하는 것도 좋습니다.
- 절수형 샤워 헤드를 설치하면 매달 사용하는 물의 양을 약 60퍼센트 절약할 수 있습니다. 고장 난 변기를 수리하고 절수형 변기 모델을 찾아보세요.
- 변기의 누수 여부를 살펴보세요. 변기 탱크 뚜껑을 열고 식용 색소 10방울을 넣으세요. 뚜껑을 덮은 후(이때, 물을 내리지 마세요.) 15분간 기다린 다음 변기를 확인하세요. 물이 착색되었다면 누수가 발생한 것이니 수리하세요.

내가 사는 지역의 수자원에 관심을 가져요.

물 문제는 전 세계적인 문제이지만 지역적으로 생각하고 행동하는 것이 큰 도움이 됩니다.

내가 사는 지역의 강과 호수, 개울을 탐험해요.
- 창세기 저자는 에덴에서 흘러나와 동산을 적시고 갈라져 인류 문명의 네 근원이 된 강인 티그리스, 유프라테스, 비손, 기혼을 언급합니다. 여러분이 사는 곳의 강이나 호수 이름은 무엇인가요?
- 지역 수도공사에 연락해서 여러분이 사용하는 수돗물이 어디에서 공급되는지 물어보세요. 그리고 이 중요한 담수 생태계에 찾아가 보고, 그곳을 위해 기도하세요.

쓰레기 청소와 야외 스포츠를 함께 즐겨요.
- 교회 공동체나 이웃과 함께 걷거나 운동하면서 환경 정화 활동을 하세요. 쓰레기를 담을 봉투를 챙기고 이동 경로를 정하세요.[6]
- 걸으면서 강과 호수로 유입되는 배수로에 버려진 쓰레기를 수거하세요. 보트를 타는 경우에는 둑이나 물 위에 떠다니는 쓰레기를 찾아서 주우세요.
- 내가 사는 지역에 쓰레기를 수거하거나 줍는 운동을 벌이는 단체가 있는지 찾아서 동참하세요.

물 친화적으로 잔디를 관리해요.

작은 행동이 큰 변화를 만듭니다. 지역 상수도를 소중히 여기고 물을 필요한 만큼만 사용함으로써 물 부족으로 힘든 사람들을 도울 수 있습니다.

건식 조경을 해요.
- 한 종류의 풀로 덮인 잔디밭은 물을 비효율적으로 사용합니다. 건식 조경은 물을 적게 주거나 아예 주지 않아도 잘 자라는 식물을 키우는 조경 방법입니다.
- 잔디 대신 관목과 선인장, 다육식물, 야생화, 나무 등 토종 식물과 토양, 암석, 뿌리 덮개를 조합해 가꾸세요.
- 가뭄에 강한 식물로는 선인장, 용설란, 주니퍼, 라벤더 등이 있습니다. 허브나 향신료로는 타임, 세이지, 오레가노가 있습니다.[7]
- 반드시 토종 식물을 선택하세요. 토종 식물은 한 번 심으면 평년 강우량만으로도 잘 자랍니다.

물 관련 비영리단체를 후원해요.
- 전 세계의 이웃을 돕기 위해 다음 단체를 후원할 수 있습니다.
- **Living Water International**은 전 세계적으로 2만 1,000개 이상의 깨끗한 물 프로젝트를 수행하는 신앙 기반 단체입니다.
- **World Hope International**은 취약 계층에 깨끗한 물과 에너지, 경제적 자립을 지원합니다.
- **Swechha**는 인도의 청년 주도 단체로, 강을 청소하고 쓰레기를 업사이클링하여 상품을 제작합니다.

CHAPTER 2

떠나고 싶지 않은 친구들,
멸종위기종

여호와의 지으심을 받고 그가 다스리시는 모든 곳에 있는 너희여
여호와를 송축하라 내 영혼아 여호와를 송축하라
_ 시편 103:22

지금까지 인류가 지구상에서 발견한 생물이 무려 약 160만 종에 이른다는 사실을 알고 있나요? 뿐만 아니라 약 870만 종 이상의 생물이 더 존재할 것으로 추정됩니다.[1] 다시 말해 우리가 알고 있는 생물이 1이라면 우리가 모르는 생물이 5나 6 이상은 되는 것입니다!

그런데 안타깝게도 우리가 존재조차 알지 못하는 수많은 종이 매일 멸종되고 있습니다. 자연스러운 과정으로서의 멸종도 있지만, 현재의 멸종

멸종위기종이란 무엇인가요?

멸종위기종이란 개체수가 현저하게 줄어들어 이 세상에서 사라질 위기에 처한 동식물을 말합니다. 멸종 위험의 정도는 '취약', '멸종 위기', '심각한 멸종 위기'의 3단계로 분류됩니다. 멸종 위기 동식물은 어떤 지역에서는 멸종되었지만 다른 지역에서는 존재하기도 합니다. 하지만 위기 단계가 심각해지면 지구상에서 완전히 사라질 수도 있습니다.

속도는 전례 없는 수준에 이르렀습니다. 기존의 평균적인 멸종률보다 무려 10-100배에 달할 정도입니다.[2] 과학자들은 이러한 사태를 '여섯 번째 대멸종'이라고 부릅니다. 이 여섯 번째 대멸종은 인간의 활동으로 유발된다는 점과 점점 가속화된다는 특징을 갖고 있습니다.[3] 우렁차게 포효하는 호랑이와 바다를 헤엄치는 고래가 더는 존재하지 않는 세상을 상상이나 할 수 있을까요? 지구에서 우리와 함께 살아온 수많은 생물이 이제는 기억 속에만 남게 될 위기에 처해 있습니다. 이제 우리는 다른 생물들과 함께 살아갈 공간을 마련하기 위해 노력해야만 합니다.

> 우렁차게 포효하는 호랑이와 바다를 헤엄치는 고래가 더는 존재하지 않는 세상을 상상이나 할 수 있을까요?

다양한 생명체들이 함께하는 생태계

수많은 종이 함께 어울려 살던 서식지에서 멸종위기종 하나가 사라지면, 그 종이 담당하던 생태적 역할에 공백이 생깁니다. 때로는 스포츠 경기 중 벤치에서 대기하던 선수가 공백이 생긴 자리에 대타로 나서는 것처럼 서식지 내 다른 종이 생태계 내의 빈자리를 채우기도 합니다. 그러나 더 많은 종이 사라질수록 당연히 생태적 지위가 유사한 종도 줄어들게 됩니다. 생물 다양성, 즉 풍성하다고 할 정도로 많은 생물 종이 함께 어우러져 사는 것이 지구에 매우 중요한 이유가 바로 여기 있습니다. 자연 세계는 생물 종이 풍성하고 다양할수록 번성합니다. 우리가 각각의 종을 잃을수록

멸종 위기의 호랑이

학명: 호랑이 Panthera tigris

순다 섬 호랑이는 현재는 멸종된 자바 호랑이와 함께 인도네시아 섬 전체에 번성한 적도 있지만, 지금은 수마트라 섬에 400마리 미만이 남아 있을 뿐입니다.

1600년대 이후 사파리에서는 호랑이 사냥을 시작했습니다.

전 세계 호랑이 개체수의 97퍼센트가 사라졌습니다.

호랑이는 전 세계에 약 3,900마리가 남아 있는 것으로 추정됩니다. (2021년 기준)

호랑이 뼈는 술과 연고 제품으로 만들어지며 수요가 높습니다.

지난 80년 동안 9개 아종 중 3종이 절멸했습니다.

중국 전통 의학에서 호랑이의 일부 부위는 의학적 목적으로 사용됩니다.

한 세기 전에는 10만 마리 이상의 호랑이가 지구를 돌아다녔습니다.

남중국 호랑이는 현재 멸종된 것으로 간주되며 수십 년 동안 야생에서 목격되지 않았습니다.

특정 서식지의 생물 다양성과 안정성은 심각하게 손상됩니다. 그렇게 되면 우리가 생태계에서 얻던 맑은 공기와 물, 음식, 의약품[4] 그리고 휴식과 같은 유익들도 위기에 처하게 됩니다.

생태계의 균형을 유지하는 핵심종

18-19세기경, 모피 무역이 호황기에 들어서면서 해달 모피가 크게 유행하자 사람들은 해달을 마구잡이로 잡아들였습니다. 그 결과 해달의 먹이인 성게의 개체수가 급증했고, 성게 무리가 해저 바닥의 다시마 숲을 점령했습니다. 그러자 물개나 문어와 같은 다양한 동물의 은신처가 사라지고 다시마 숲이 황폐해지는 지경에 이르렀습니다. 해달의 사례에서 볼 수 있듯이 비교적 적은 개체수로도 생태계에 지대한 영향을 미치는 종을 '핵심종'이라고 합니다.[5]

세간에 진행되는 멸종위기종을 위한 프로젝트는 주로 사람들에게 인상적인 동물들, 이를테면 표범이나 코끼리, 판다와 같은 동물들에 집중하는

←

호랑이는 1970년대 이후 멸종 위기에 직면했으며, 야생 호랑이의 개체수는 4,000마리 미만으로 감소했습니다. 호랑이는 밀렵과 서식지의 단편화와 손실로 인해 멸종 위기에 처했습니다. 야생 동물 보호 단체들은 서식지를 보전하고 호랑이를 보호하는 데 성공하지 못하면 향후 20년 안에 호랑이가 멸종될 수 있다고 예측합니다.[6]

경향이 있습니다. 이는 거대 동물이 핵심종인 경우가 많아 이들을 보호함으로써 연쇄적으로 다른 수많은 종을 살릴 수 있기 때문입니다. 그러나 새와 포유류, 나무와 균류, 달팽이, 해면 또는 곤충에 이르기까지 어느 생물이든 멸종위기종이 될 수 있습니다.

크기나 외형에 상관없이 각각의 종은 자연 세계에서 고유하고 의미 있는 역할을 합니다. 서로 긴밀하게 연결된 생태계 안에서는 모든 종이 중요하며, 각 생물은 우리의 관심과 배려를 필요로 합니다. 특히 인간의 활동으로 인해 멸종이 촉발되는 시점에서는 더욱 그렇습니다.

서로 긴밀하게 연결된 이 생태계 안에서는 모든 종이 중요합니다.

멸종의 그림자

멸종위기종의 증가로 인해 생물 다양성에 닥친 위기의 가장 큰 원인은 무엇일까요? 바로 인간의 활동입니다. 서식지 파괴와 남획, 공해, 외래종의 침입과 기후 변화 등은 멸종을 부르는 인간 활동의 대표적인 예입니다.

서식지 파괴

서식지 파괴는 멸종의 주요인입니다. 우리가 개발을 위해 야생 서식지를 축소하고 고갈할 때, 야생동물들은 파편화된 땅으로 밀려나게 되고, 그 결과 동물들은 최소한의 안전거리 없이 인간에게 강제로 노출됩니다. 야생동물과 인간의 거리가 가까워지면, 인간과 야생동물 간의 분쟁(human-wildlife conflict, HWC)이 증가할 수밖에 없습니다.

가령 눈표범(설표)과 농부 간의 갈등을 예로 들 수 있습니다. 눈표범은 덩치 큰 고양이로 회녹색 눈과 검은 장미무늬가 그려진 하얀 털북숭이입니다. 이들은 히말라야의 절벽과 바위에서 점차 사라져 이제는 지구에 4,500-7,500마리 정도밖에 남지 않은 것으로 추정됩니다.[7]

눈표범이 사라지는 이유 중 하나는 티베트푸른양, 아이벡스, 마멋, 피카, 산토끼와 같은 먹잇감이 줄어들고 있기 때문입니다. 먹이를 찾지 못한 눈표범들은 종종 농부들의 축사를 침범하고, 농부들은 자신들의 생계를 지키려 눈표범들을 사살합니다. 사람들이 야생의 영역을 침범할수록 이들과 공존할 수 있는 창의적인 방안이 필요합니다.

사람들이 야생의 영역에 침범할수록, 이들과 공존할 수 있는 창의적인 방안이 필요합니다.

남획

남획은 생물이 멸종되는 주요 원인입니다. 남획이란 특정 개체군이 개체수를 스스로 회복할 수 있는 수준을 넘어서 마구잡이로 사냥하는 것을 말합니다. 모피나 다른 상품을 위해 불법적으로 야생 생물을 밀매하는 경우도 여기에 포함됩니다. 코끼리 상아를 얻기 위해 밀렵꾼들은 매년 아프리카와 아시아에서 수만 마리의 코끼리를 죽이고 있습니다. 미국과 중국 등 여러 국가가 상아 무역을 금지한 이래 상아에 대한 수요는 꾸준히 감소했지만, 허술한 법체계와 부정부패로 인해서 불법 밀렵과 상아 밀매가 여전히 계속되고 있습니다.[8]

   피해를 입은 것은 코끼리만이 아닙니다. 밀렵꾼들은 코뿔소의 뿔을 얻으려고 코뿔소를 죽이는데, 이 뿔은 중국 전통 의학에서 신비한 치유 능력이 있다고 여겨지고 있습니다. 하지만 실상 코뿔소의 뿔은 인간의 손톱과 같은 케라틴 덩어리일 뿐이며, 질병을 치료할 수 있다는 과학적 근거가 없습니다. 그런데도 고대 문헌과 전통 관습을 따라 사람들은 계속해서 코뿔소의 뿔을 찾고 있습니다.[9]

질병

   야생동물 관리의 또 다른 문제는 인수공통전염병입니다. 인수공통전염병이란 야생동물로부터 가축이나 인간에게 전염되는 질병을 뜻합니다. 에볼라나 웨스트나일 바이러스, 라임병과 같이 야생동물로부터 인간에게 전염되는 질병이 점차 늘고 있습니다. 코로나19 팬데믹 역시 실험실 바이러스 유출설 외에도 박쥐나 천산갑 같은 야생동물로부터 전염되었을 것이라는 가설이 유력합니다.[10]

   천산갑은 온순한 포유류로, 위험을 느끼면 몸을 둥글게 말아 갑옷처럼 단단한 비늘로 자신을 방어합니다. 천산갑의 비늘은 전통 약재로 쓰이며, 일부 문화권에서는 천산갑을 귀한 식재료로 여기기도 합니다. 이러한 이유로 천산갑은 세계에서 가장 많이 불법 거래되는 포유류이며, 멸종 위기에 처해 있습니다. 암시장에서 천산갑은 비위생적이고 밀집된 공간에 잔뜩 구겨 넣어져 질병 전파의 주요인이 되기도 합니다. 이러한 이유로 코로나19 바이러스의 중간 숙주로 천산갑이 의심 받고 있습니다.[11]

팬데믹과 풍토병은 우리가 책임감 있게 야생동물을 보호하지 못했을 때 어떤 일이 나타나는지 보여 주는 참담한 사건들입니다. 우리가 야생동물을 잘 보호한다면, 미래에 또다시 발생할지도 모르는 팬데믹과 그로 인한 인류의 고통을 예방하는 데 도움을 줄 수 있습니다. 우리 자신의 생존을 위해서라도 모든 피조물을 잘 보존해야만 합니다.

성경적 관점

창세기 2장 19절에 "여호와 하나님이 흙으로 각종 들짐승과 공중의 각종 새를 지으시고 아담이 무엇이라고 부르나 보시려고 그것들을 그에게로 이끌어 가시니 아담이 각 생물을 부르는 것이 곧 그 이름이 되었더라"라는 말씀이 있습니다. 인류의 첫 번째 임무는 각 동물을 관찰하여 그에 어울리는 이름을 붙이는 일이었습니다. 하나님은 모든 생물의 이름을 직접 지으실 수 있었지만, 우리도 그분과 동역함으로써 창조의 기쁨을 누리기를 원하셨습니다.

하나님의 모습을 닮은 피조물

지구상의 셀 수 없이 다양한 생명은 다 예수님으로 말미암아, 그리고 예수님을 위하여 창조되었습니다(골 1:16). 그래서 이 땅의 모든 생명은 지으신 이의 무한한 창의성을 나타냅니다. 우리가 산책하다가 보는 모든 식물

> 모든 생명은
> 그리스도를 드러내는
> 자기만의 신성한 매력을
> 지니고 있습니다.

과 벌레, 다람쥐, 꽃 등 모든 것이 예수님을 통해 창조된 것입니다. 각 생명은 그리스도를 드러내는 자기만의 신성한 매력을 지니고 있습니다.

이처럼 각 피조물에 담긴 독특한 설계를 일컫는 신학 용어를 '개성 원리'(Haecceity)라고 합니다. 개성 원리란 각 피조물이 지닌 존재의 고유함과 하나님이 주신 독창성을 나타내는 유일한 특성과 본질을 말합니다. 마치 어떤 예술 작품을 보고 그 작품을 지은 작가에 대해 알 수 있듯이, 피조물의 모든 세부적인 구성 요소는 하나님에 대한 특정한 무언가를 명백히 혹은 암묵적인 방식으로 드러냅니다.

로마서 1장 20절에 "창세로부터 그의 보이지 아니하는 것들 곧 그의 영원하신 능력과 신성이 그가 만드신 만물에 분명히 보여 알려졌나니 그러므로 그들이 핑계하지 못할지니라"라고 말씀하고 있습니다. 각각의 생물들은 자연에 드러난 하나님의 놀라운 영광을 나타내는 퍼즐 조각으로, 모두 소중히 돌봐야 할 존재입니다.

겸손하게 다스리기

하나님은 우리에게 모든 동식물의 이름을 정할 수 있는 권한 이상으로, 모든 살아 있는 것들에 대한 지배권을 주셨습니다. 우리가 자연과의 관계를 바르게 이해하기 위해서는 먼저 "하나님이 그들에게 복을 주시며 하나님이 그들에게 이르시되 생육하고 번성하여 땅에 충만하라, 땅을 정복하라, 바다의 물고기와 하늘의 새와 땅에 움직이는 모든 생물을 다스리라 하시니라"(창 1:28)라는 말씀에서 지배권이 뜻하는 바가 무엇인지 바로 이해해야 합니다.

지배권이 함의하는 다스림의 권위는 세상의 권력과는 다른, 예수님이 왕으로서 보여 주신 본보기를 따라 통치하는 것을 뜻합니다. 우리는 이 땅에 보내진 하나님의 대사로서, 그리스도를 닮은 리더십을 훈련받아야 할 책임이 있습니다. 예수님은 어디를 다니시든지 항상 깨끗하게 하시고, 치유하시고, 회복시키셨습니다. 그분은 높으신 하나님이셨지만 자기 자신을 낮추셨습니다(빌 2:8). 그분은 섬김을 받으러 오지 않고 섬기러 오셨습니다

> 우리는 이 땅에 보내진 하나님의 대사로서, 그리스도를 닮은 리더십을 훈련받아야 할 책임이 있습니다.

(마 20:28). 그리고 우리는 그분을 닮아 가도록 부르심을 받았습니다. 우리는 창조 세계를 돌보도록 섬기는 리더의 자리로 초청받았습니다. 이러한 겸손한 마음으로 다스릴 때, 우리는 다음 세대를 위해 각 서식지를 다채롭고 안정되게 지키며, 멸종위기종이 멸종으로 치닫지 않도록 보호할 수 있습니다.

"주님은 모든 만물을 은혜로 맞아 주시며, 지으신 모든 피조물에게 긍휼을 베푸신다"(시 145:9, 새번역)라는 말씀처럼 하나님은 자신이 손수 지으신 모든 살아 있는 것들을 돌보십니다. 우리는 이것들을 함께 보호함으로써 하나님의 창조와 그분의 자비에 대한 경외를 표현할 수 있습니다. 하나님은 우리에게 그분의 피조물을 돌보는 고귀하고도 겸손한 역할을 주셨습

니다. 이는 엄중한 책임입니다. 우리는 그분의 피조물과 창조 세계를 지키도록 거룩한 부르심을 받았습니다.

모두를 위한 지혜

지역 내 멸종위기종 보호 활동에 참여해요.

지역 자생종은 해당 서식지의 생물 다양성과 생태계 평형에 대체 불가능한 역할을 합니다. 심지어 지렁이나 달팽이, 홍합, 설치류, 바퀴벌레와 같이 우리가 다소 애매하고 존재감 없다고 여기는 생물들조차 해당 서식지에서 기초적이고 필수적인 역할을 하고 있습니다.

외래종을 퇴치해요.

외부에서 유입되어 토종 동식물에 해를 끼치는 식물과 동물을 '외래종'이라고 합니다. 외래종은 서식지를 파괴하고, 한때 그곳에 번성하던 종들, 특히 멸종위기종을 멸종에 이르게 할 수도 있습니다.

- 하이킹 및 낚시 장비, 보트, 카약, 패들보드는 새로운 장소로 이동하기 전에 반드시 세척하세요. 그렇지 않으면 외래종을 옮겨 그 지역 생태계에 피해를 줄 수 있습니다.
- 장작은 되도록 인근 지역에서 구입하세요. 장작 안에 파괴적인 외래종이 숨어 들어와 나무를 죽이고 질병을 퍼뜨릴 수 있습니다.
- 지역 공원이나 야생 구역에서 진행되는 외래종 퇴치 활동에 참여합시다. 우리 집 정원에 들어오는 양담쟁이 같은 외래종도 뿌리째 뽑아 제거하세요.
- 키우던 반려동물이나 식물, 또는 희귀 생물을 야생에 방생하면 안 됩니다. 작고 귀여운 금붕어가 자라 호수 생태계를 파괴할 수도 있습니다.[12] 이런 일은 실제로 일어나는 일입니다.

불법 야생 밀매를 멈춰요.

멸종 위기에 처한 야생 동식물종의 국제거래에 관한 협약(CITES)은 멸종 위기 동물의 국제거래를 규제하고 금지합니다.

- 상아 또는 상아로 만든 물건을 구매하지 마세요. 판매자가 그 상아는 골동품이라고 주장해도 거절하는 것이 좋습니다.
- 러시아산 캐비어나 상어 지느러미 수프, 천산갑 고기 등을 먹지 마세요.

- 거북이 등껍질로 만든 보석을 피하세요. 거북이 가죽으로 만든 장화나 가방 같은 물건도 주의하세요. 이런 물건들은 잔인한 거래의 산물입니다.
- 거대 고양이과 동물이나 물개, 북극곰, 해달의 모피를 거래하는 것은 불법입니다. 인조 모피를 사용하세요.
- 전통 약을 살 때는 라벨을 꼭 확인하세요. 호랑이, 코뿔소, 표범, 아시아 흑곰이나 사향사슴 등이 포함된 제품은 피하세요.
- 신발이나 지갑, 가방, 손목시계 등의 가죽 제품을 구매할 때는 그 가죽이 뱀이나 악어, 도마뱀과 같이 보호 종의 것은 아닌지 꼭 확인하세요. 버섯이나 재활용 고무 등으로 만든 대체 가죽(비건 가죽)과 같은 대안이 많이 있습니다.
- 영장류나 야생 조류, 도마뱀 같은 희귀 반려동물은 대부분 수입이 금지되어 있습니다. 만약 희귀 생물을 키우게 되었다면 반드시 원산지를 확인하세요.[13]
- 불법적인 야생 생물 거래 활동을 알게 된다면 각 지원청에 신고하세요.

전 세계 멸종위기종 보호 활동에 참여해요.

멸종위기종은 세계 곳곳에 있습니다. 우리는 전 세계에서 이루어지는 다양한 멸종위기종 보호 활동에 참여할 수 있습니다. 또한 구매 시 주의를 기울이는 것만으로도 멸종위기종을 보호할 수 있습니다.

인간-야생동물 분쟁(HWC) 프로젝트를 지원해요.

인간이 야생동물의 서식지 근처로 이주하면서 야생동물과의 갈등이 빈번해지고 있습니다. 야생동물과 인간의 평화로운 공존을 위해 창의적인 해결책이 필요합니다.
- **Snow Leopard Trust**를 후원하세요.. 이 단체는 농부들과 함께 가축을 보호할 수 있는 목장을 설계하고 눈표범을 위한 보호 구역을 조성합니다.
- **The African Wildlife Foundation**은 우간다에서 코끼리가 실수로 농부들의 밭을 밟지 않도록 밭 주변에 고추를 걸어 둡니다. 간단하지만 기발한 방안입니다.

최전선 현장에서 힘쓰는 공원 관리인들을 지원해요.
- 코끼리와 코뿔소, 사자 등 밀렵꾼의 위협을 받는 멸종위기종의 서식지를 보호하는 공원 관리인들에게 보호 장비가 필요합니다. 이들은 진정한 영웅입니다.
- The World Wildlife Fund에서 진행하는 '공원 관리자 돕기'(Back a Ranger) 프로젝트를 통해 관리인들이 야생동물 범죄를 막는 데 필요한 장비와 훈련을 지원할 수 있습니다.
- African Parks는 아프리카 전체 NGO 중 가장 영향력 있는 곳으로, 아프리카 국립공원들을 관리하고 있습니다. 이 단체에 대해 알아보고 어떻게 도울 수 있는지 찾아보세요.

CHAPTER 3

지구의 선물,
산과 광물

땅의 깊은 곳이 그의 손 안에 있으며 산들의 높은 곳도 그의 것이로다
_ 시편 95:4

하늘에 맞닿은 산봉우리부터 땅속에 숨겨진 광물과 보석까지, 지구는 우리의 시선을 사로잡습니다. 평소에는 깨닫지 못하지만 우리는 언제나 산과 광물과 연결되어 있습니다. 우리가 쓰는 전자 제품과 자동차, 집은 모두 땅에서 온 것입니다.

암석과 광물은 우리가 매일 사용하는 물건들에서 매우 많이 발견됩니다. 광물은 자동차, 기차, 비행기, 보트 제조에 사용되는 강철과 알루미늄을 구성하고, 도자기와 조리대, 유리, 칼, 수저, 수술용 칼, 전선, 콘크리트, 연필 등을 만듭니다. 우리는 음식의 맛을 내기 위해 미네랄 소금을 사용하

광물이란 무엇인가요?

광물은 특정 원소들이 규칙적이고 반복적으로 결합하여 배열된 무기물입니다. 광물은 암석의 구성요소로서 지구에서 자연적으로 발생합니다. 예를 들어, 화강암은 대부분 석영과 장석의 조합입니다. 현재 지구상에는 약 4,000개 이상의 광물이 발견되었습니다. 우리에게 유용한 구리와 철, 금, 은과 같은 중요한 금속을 광산에서 얻습니다. 또한 다양한 광물 결정을 잘라내고 연마하여 루비, 에메랄드, 터키석, 옥, 기타 귀중한 보석으로 만듭니다.

고 빵과 케이크를 굽기 위해 탄산수소나트륨(베이킹소다)을 사용하기도 합니다. 미국에서는 한 사람이 평생 사용하는 암석과 광물, 금속이 약 137만 킬로그램에 달한다고 합니다.[1] 그러나 우리가 의식적으로 소비를 줄이고 재활용 소재로 만든 제품을 구매한다면 광물의 채굴을 줄일 수 있습니다.

채굴의 좋은 점과 나쁜 점

우리는 앞서 언급한 모든 제품을 제조하기 위해 지각, 즉 지구의 외층에서 광물을 추출합니다. 사실 우리의 일상적인 활동은 지구의 깊은 곳과 연결되어 있습니다. 사람들은 매일 채굴에 의존하는 제품을 사용합니다. 광산은 많은 지역사회의 수입원이며 생산 및 공급 과정에서 일자리를 제공하지만, 여러 채굴 관행은 장기적으로 지구를 파괴한다는 어두운 면이 있습니다. 예를 들어, 발파 기술은 토지와 지속적인 생산성에 의존하는 지역사회에 특히 해롭습니다.

우리의 일상적인 활동은 지구 깊은 곳과 연결되어 있습니다.

광산 현장에는 작업자가 위험에 처하거나 환경에 심각한 피해를 주는 것을 방지하는 엄격한 규제가 필요합니다. 이러한 예방 조치와 규제를 소홀히 하면 광산 붕괴로 인한 대규모 산사태가 발생할 수 있으며, 폭발과 화재로 광부에게 치명적인 피해를 줄 수도 있습니다. 또한 채굴 작업이 끝나면 구덩이를 메우고 땅을 복구해야 하지만 이러한 단계는 종종 무시됩니다.

채굴 관행을 완전히 없애는 것은 현실적으로 어렵지만, 대부분의 환경 활동과 마찬가지로 장기적으로 덜 해로우면서 개선된 채굴 방법이 있습니다. 환경에 미치는 영향을 줄인 채굴 기술 개발, 채굴 폐기물의 재사용 및 채굴 현장의 복구 등을 우리가 지지하고 지원할 수 있습니다.[2]

미래 필수품 vs. 환경 파괴의 주범

중국에서는 1990년대에 스마트폰과 풍력 터빈, 전기 자동차 등 첨단 제품의 제조를 위해 희토류라는 금속 채굴이 급증했습니다. 그러나 희토류 원소를 추출하는 데 사용되는 화학물질은 토양과 수질을 오염시키고, 땅을 뒤엎어 대지에 상처를 입혔습니다. 시민들의 반대로 중국 정부는 더 엄격한 채굴 규제를 시행했고,[3] 그 결과 많은 광산이 폐쇄되었습니다. 지방 및 연방 정부는 폐수 처리 시설을 설치했으며 불모지를 복원하고 침식을 막기 위해 대나무와 같은 식물을 심었습니다.[4]

때로는 환경을 고려한 제품과 인간의 필요 사이에서 상충되는 선택을 해야 할 때가 있습니다. 전기차와 풍력 터빈은 인간과 환경의 더 나은 미래를 위해 중요한 역할을 하지만, 이를 만드는 과정(희토류 금속 채굴 등)에서 가능한 한 지구에 피해를 주지 않도록 노력해야 합니다. 친환경 제품이라도 생산부터 사용 및 최종 폐기에 이르기까지 모든 영역에서 책임이 필요합니다. 예를 들어, 스마트폰과 같은 전자 제품에 사용되는 희토류 금속은 적절히 재활용하여 해당 부품을 향후 제품에 재사용하는 것이 해결책이 될 수 있습니다.

산 정상을 깎아 내는 채굴

산 정상을 제거하는 방법은 논란이 많은 채굴 방법입니다. 특히 석탄을 채굴할 때, 산봉우리와 산자락을 폭파하는 것은 비교적 새로운 채굴 방법입니다. 하지만 이 방법은 산을 훼손할 뿐만 아니라 폭발로 인한 수백만 톤의 암석과 모래, 석탄 잔해가 계곡에 버려져 물과 대기를 오염시킵니다. 이 채굴 관행은 중앙 애팔래치아 산맥에서 특히 논란이 되어 왔으며, 광산 인근 지역사회 주민들은 심혈관 질환, 폐암, 선천성 기형아 출산의 증가로 고통받고 있습니다.[5]

피의 다이아몬드

우리 손가락에서 빛나는 다이아몬드 반지가 무책임한 채굴의 또 다른 사례라고 한다면 어떤 기분이 드시나요? 다이아몬드는 흔히 '피의 다이아몬드'라고 불립니다. 이 다이아몬드를 무장 반군 세력이 현지인의 노동력을 착취하여 채굴한 후 전쟁 자금과 연료를 조달하는 데 사용하기 때문입니다. 앙골라나 콩고민주공화국, 라이베리아, 시에라리온에서 이루어지는 다이아몬드 거래는 무장 반군 세력의 무기 구매 자금이 되며, 이는 민간인에 대한 잔혹하고 비인도적인 테러 행위로 이어졌습니다.

다이아몬드뿐만 아니라 유색 보석 채굴도 이와 같은 문제를 겪고 있습니다. 에메랄드와 루비, 사파이어 같은 보석 채굴은 생태계를 파괴하고 수질을 오염시킬 수 있으며, 작업자와 지역사회에도 위험을 초래합니다. 동시에 이런 채굴은 해당 지역 주민이 빈곤의 굴레에서 벗어나는 방법이 되기도 합니다. 따라서 채굴 지역에는 더 안전한 작업 조건과 환경 친화적인 채굴 방법, 이를 위한 교육이 필요합니다. 많은 국가에서 노동자의 최소 나이를 규정하는 법률을 시행하고 있지만, 국제노동기구(ILO)는 광산과 보석 세공 및 연마 단계에서 아동 노동 착취의 지속적인 사례가 보고되고 있다고 밝혔습니다.[6]

우리의 역할

보석은 고유의 아름다움을 지니고 있으며, 앞으로 살펴볼 것처럼 보석을 감상하고 수집하는 것은 잘못된 일이 아닙니다. 하지만 그 보석을 감상하고 수집하기 위해 어떤 대가를 치르고 있는지 생각해 봐야 합니다. 우리는 우리의 소유물과 물질이 어디에서 왔는지 간과할 수 없으며, 그 과정에 포함된 인간과 비인간, 자연의 고통을 무시할 수 없습니다. 소비자로서 우리는 전 세계 광업 부문을 인도적이고 환경 친화적인 방향으로 이끌어야 하며, 광업에 의존하는 지역사회를 위해 더 안전한 일자리를 창출하고 토지의 생산력을 유지할 수 있도록 목소리를 내야 합니다.

→

다이아몬드(금강석)와 페리도트(감람석)를 제외한 대부분의 광물과 보석은 다양한 지각 조건에서 형성됩니다. 화산 파이프를 통해 마그마가 지각으로 상승 및 냉각되면서 광물과 수많은 보석이 결정화되는데, 이를 '화성 과정'이라고 합니다.

> 다음 세대에
> 물려줄 것 하나 없이
> 욕심껏 땅에서 빼앗기만 한다면,
> 혹은 땅이 건강하게
> 회복될 기회를 주지 않는다면,
> 우리가 거룩하게 살아가고
> 있다고 말할 수 있을까요?

그렇다면 영원토록 흔들리지 않는 나라(히 12:28)를 기다리는 동안 우리는 지구를 어떻게 대해야 할까요? 다음 세대에 물려줄 것 하나 없이 욕심껏 땅에서 빼앗기만 한다면, 혹은 땅이 건강하게 회복될 기회를 주지 않는다면, 우리가 거룩하게 살아가고 있다고 말할 수 있을까요?

성경적 관점

우리는 생필품이나 자원을 얻을 때, 그것이 경건하지 않은 방식으로 생산되었음을 모른 채 죄를 짓기도 합니다. 우리가 이러한 사실을 인정하고 그에 대해 애도하며, 예수님이 십자가를 지심으로써 우리의 탐욕과 파괴적인 습관의 죄를 대신 지셨다는 사실을 받아들일 때, 하나님의 창조 세계와 화해할 수 있습니다. 예수 그리스도 안에서 우리는 변화를 이룰 수 있는 동기와 지혜를 얻을 수 있습니다. 변화의 첫걸음은 우리가 창조 세계를 대하는 방식이 곧 거룩한 삶의 일부임을 인정하는 것에서부터 시작됩니다. 하나님은 우리에게 그분의 선하심을 드러내고, 그분의 창조 세계를 보존하며, 그분에게 속한 사람들을 섬길 수 있는 능력을 주셨습니다.

광물과 보석은 생활에 필요한 자원이지만, 무분별한 탐욕은 경계해야 합니다. 땅의 귀한 보석과 광물은 하나님의 능력과 공급 아래 오랜 시간을 거쳐 만들어졌습니다. 그것들을 채취하고 사용하는 것은 그분의 성품과 방식에 일치해야 합니다.

우리를 보호하는 산

성경에서 하나님의 백성은 위험에 처했을 때 산의 절벽과 동굴로 피신하곤 했습니다. 시편 121편의 기자는 산을 바라보며 주님의 도움을 구했습니다. 하나님은 자신을 우리의 쉼터이자 견고한 피난처인 산으로 비유하십니다. 시편 125편 2절은 "산들이 예루살렘을 두름과 같이 여호와께서 그의 백성을 지금부터 영원까지 두르시리로다"라고 말씀합니다. 뿐만 아니라 하나님은 가장 견고한 산보다 더 위대하고 견고하신 분입니다.

> 하나님은 우리의 피난처시요 힘이시니
> 환난 중에 만날 큰 도움이시라
> 그러므로 땅이 변하든지 산이 흔들려
> 바다 가운데에 빠지든지
> 바닷물이 솟아나고 뛰놀든지
> 그것이 넘침으로 산이 흔들릴지라도
> 우리는 두려워하지 아니하리로다 (셀라)
>
> 시편 46:1-3

하나님의 독특한 창조물

"은이 나는 곳이 있고 금을 제련하는 곳이 있으며 철은 흙에서 캐내고

동은 돌에서 녹여 얻느니라 … 음식은 땅으로부터 나오나 그 밑은 불처럼 변하였도다 그 돌에는 청옥이 있고 사금도 있으며"(욥 28:1-2, 5-6)라는 말씀처럼 은과 사파이어, 오팔, 금 등 모든 귀금속과 보석은 하나님이 지키고 보호하시는 피조물의 틈에서 만들어지고 형성되었습니다. 각 광물이 독특한 결정을 형성하려면 특정 조건과 성분, 즉 원소의 적절한 혼합, 강한 압력, 높은 온도, 공간과 시간 등이 필요합니다. 땅속 깊은 곳의 틈과 균열은 전 세계에 흩어져 숨겨져 있는 다양한 광물이 형성될 수 있는 특별한 환경을 제공합니다. 수천 년에 걸친 이러한 지질학적 작업은 위대한 연금술사이신 그리스도의 경이로움을 드러냅니다. 요한복음 1장 3절에서도 이렇게 말씀합니다. "만물이 그로 말미암아 지은 바 되었으니 지은 것이 하나도 그가 없이는 된 것이 없느니라." 그분은 광물의 용해자이며 각 광물의 매장지를 결정하시는 분입니다.

변하지 않는 아름다움

아름답고 귀한 보석과 금속은 특정 시대나 왕국보다 오래 지속되는 견고한 아름다움을 지닙니다. 또한 땅 아래 감춰져 의도적으로 찾을 때만 발견할 수 있는 아름다움에 대해서도 가르쳐 줍니다. 이것은 하나님 나라에 대한 놀라운 은유입니다. 마태복음 13장 44절의 "천국은 마치 밭에 감추인 보화와 같으니 사람이 이를 발견한 후 숨겨 두고 기뻐하며 돌아가서 자기의 소유를 다 팔아 그 밭을 사느니라"라는 말씀의 비유를 생각해 보세요. 밭에 묻혔다가 발견된 보화가 루비나 다른 보석의 컬렉션일까요?

하나님 나라의 보물은 그 견고함과 가치가 거의 파괴되지 않고 수 세기 동안 지속되는 보석과 같습니다. 다른 자원은 쉽게 녹슬거나 썩어 버리기 때문에 결국 사라지지만 하늘의 보화는 빛나고 오래가며(마 6:19-21), 영원히 지속됩니다.

모두를 위한 지혜

전자 폐기물(E-waste) 솔루션을 실천해요.

지구에서 원료를 채취하지 않고 새로운 제품을 제조할 수 있는 혁신적인 방법이 있습니다. 예를 들면, 매립지에서 채굴한 값비싼 금속과 재료를 생산 공정에 다시 투입하는 것입니다. 가장 손쉬운 방법 중 하나는 전자 제품을 재활용하는 것입니다.[7]

미니멀리즘을 실천해요.

- 우리는 끊임없이 최신 전자 제품(휴대폰, 노트북, 시계, 텔레비전 등)을 구입하고 싶은 유혹을 받습니다. 현재 사용 중인 기기가 잘 작동한다면 그 유혹을 거부할 수 있습니다. 이미 소유하고 있는 것에 만족하고 관리하는 방법을 찾아보세요.
- 전자 제품은 손상되었거나 사용할 수 없는 경우에만 구매하세요. 가능하면 반품이나 전시 상품, 약간 흠이 있거나 색상이 제대로 나오지 않은 제품, 이월 상품, 단종 상품 등을 새롭게 단장하여 할인된 가격으로 판매하는 리퍼브 상품을 구매하세요. 비용도 절약할 수 있습니다.

업사이클을 항상 고려해요.

- 재사용이나 공유, 교환, 용도를 변경하는 업사이클링 제품이나 창의적으로 재사용할 수 있는 방법을 찾아보세요. 중고품 판매점은 중고 가정용품과 가전 제품을 찾기에 좋은 장소입니다.
- 가전 제품을 무료로 주고받거나 교환할 수 있는 모임에 가입하여 활동을 시작하세요. 재활용 센터나 중고 물품을 거래하는 인터넷 사이트에 가입하세요.

전자 제품을 올바르게 재활용해요.

- 가전 제품을 재활용하려면 파쇄, 분류 및 재사용이 가능한 부품들을 일일이 분리해야 하는 세밀한 과정이 필요하므로 다른 폐기물과 함께 재활용할 수 없습니다. 100만 개의 휴대폰을 재활용할 때마다 약 1만 6,000킬로그램의 구리, 350킬로그램의 은, 34

킬로그램의 금, 15킬로그램의 팔라듐을 회수할 수 있습니다.[8]
- 우리가 구매하는 많은 첨단 기술 제품은 수명을 염두에 두고 만들어지지 않았습니다. 이러한 상황이 지속되는 한, 우리는 전자 제품을 책임감 있게 재활용해야 합니다. 전자 제품은 대부분 독소를 포함하고 있어서 매립할 수 없습니다.
- 전자 폐기물은 재활용할 수 있는 매장에 가져가서 폐기하세요.

윤리적인 소비를 실천해요.

윤리적으로 생산된 보석을 구매하면, 지구를 보호하면서도 지역사회의 위험에 노출된 사람들을 보호하는 데 기여할 수 있습니다. 윤리적 소비를 통해 안전하고 친환경적인 광물을 수요함으로써 전 세계 광부, 채굴업자, 지역사회의 여건을 개선할 수 있습니다.

환경 책임을 분담하는 기업의 물건을 구매해요.
- 윤리적으로 공급되는 광물의 경우, 공급망이 핵심입니다. 특정 광산에서 판매점에 이르기까지 광물의 경로를 추적하는 것은 어려울 수 있습니다. 보석이나 귀금속은 어느 한 나라에서 채굴된 후 다른 나라에서 거래, 수출, 가공되는 경우가 많습니다. 그런 다음 공장과 작업장에서 보석으로 제조되어 최종적으로 소매업체에 판매됩니다. 이처럼 귀금속의 원산지를 알기가 매우 어려울 수 있습니다.[9]
- 책임감 있게 보석과 금, 은을 조달하는 데 앞장서는 회사의 보석을 구매하세요. RJC(주얼리 산업 관행 책임위원회)는 전 세계 주얼리 및 시계 산업에서 윤리 기준을 설정하고 인증하는 선도적인 단체입니다.
- 1,200개 이상의 기업이 RJC의 회원입니다. 공급망에 따른 윤리적 표준을 준수하기 위해 문서화를 요구하는 "chain of custody" 표준을 포함하여 가장 높은 인증 기준을 달성한 기업을 온라인으로 검색할 수 있습니다.
- 보석 브랜드 티파니앤코(Tiffany & Co.)는 어떤 광산에서 금이 채굴되었는지 추적할 수 있으며 정기적으로 채굴 활동을 점검합니다.
- 보석 브랜드 판도라(Pandora)는 상향식 도덕적 공급망을 보장함으로써 모범을 보이는 기업입니다.

- 캐나다의 공정무역 주얼리(Fair Trade Jewellery Co.)는 콩고민주공화국의 장인 광산 및 소규모 광산업체에서 책임 있게 채굴한 금을 사용하며, 채굴부터 시장까지의 완벽한 추적성을 보장합니다. 점점 더 많은 주얼리 업체들이 금을 공정 무역 또는 공정 채굴 표준에 따라 인증된 광산에서 조달하고 있습니다. 보석을 구매할 때 이 범주의 금을 찾아보세요.[10]
- 기존의 분쟁 없는 다이아몬드 인증제인 킴벌리 프로세스보다 한 단계 업그레이드된 마엔델레오(Maendeleo) 다이아몬드 표준은 노동 조건, 아동 노동법 집행 및 환경 보호에 중점을 둡니다.
- 지속 가능하며 윤리적인 보석은 소규모 생산자와 전문 거래자를 통해서도 구매할 수 있습니다.

재활용 보석을 구매해요.
- 재활용 재료로 만든 보석이나 중고 보석은 지속 가능한 선택입니다. 일부 정련소에서는 녹여서 재사용할 수 있는 금속만 공급하기도 합니다.
- 윤리적 패션을 지지하는 소규모 보석 업체는 재활용 소재와 윤리적으로 조달된 보석, 합성 다이아몬드를 결합해 제품을 제작하기도 합니다.

합성 보석을 구매해요.
- 실험실에서 만들어진 보석은 지속 가능하며 분쟁 없는 선택이 될 수 있습니다. 합성 보석 소매업체에 보석 세공사와 노동자의 여건에 대해 물어보세요.

윤리적 실천을 위한 행동에 참여해요.
- 시간을 내어 광석 채굴과 산 정상 제거 채굴, 분쟁 보석 등 복잡한 문제에 대해 자세히 알아보세요. 특별히 관심이 가는 문제를 조사하고 재정적으로 후원하거나 시간을 내어 자원봉사를 하세요.

환경 캠페인을 지지해요.
- Christians for the Mountains는 애팔래치아 중부 지역의 산 정상 제거 문제를 함께

해결해 나갑니다.
- **Amnesty International**과 **Global Witness**는 보석의 원산지를 확인하고 전쟁 지역에서 온 것이 아님을 보증하는 국제 추적 시스템인 킴벌리 프로세스를 개선하고 효율적으로 이행하기 위해 다이아몬드 산업에 압력을 가하고 있습니다.

CHAPTER 4

우리의 숨결,
공기와 하늘

주의 인자하심이 하늘보다 높으시며 주의 진실은 궁창에까지 이르나이다
하나님이여 주는 하늘 위에 높이 들리시며
주의 영광이 온 땅에서 높임 받으시기를 원하나이다
_ 시편 108:4-5

하늘은 장관을 이룹니다. 번개는 새하얗게 번쩍이며 하늘을 가르고, 태양풍은 지구의 자기장 및 대기 가스와 상호 작용하여 청록색과 보랏빛으로 빛나는 오로라를 만들어 냅니다. 매일 뜨고 지는 해에 사람들은 창조에 대한 경이를 느낍니다. 대기 현상은 하나님의 위엄을 보여 주는 하늘의 캔버스이자 하나님의 그림입니다.

> 대기현상은
> 하나님의 위엄을 보여 주는
> 하늘의 캔버스이자
> 하나님의 그림입니다.

우리가 땅에서 하늘을 올려다볼 때, 맨눈으로 보이는 별은 모두 우리 은하계의 일부입니다. 도시를 벗어나 한적한 곳으로 가면 은하수와 안드로메다 성운을 볼 수 있을 정도로 맑은 하늘이 있는 곳도 있습니다. 우주에서 지구의 밤을 내려다보면, 도시에 모여 있는 무지개 불빛이 마을 곳곳으로 퍼져 있는 것을 볼 수 있습니다. 우리는 시편 기자가 "하늘"이라고 불렀던 것을 보고 탐험할 수 있는 놀라운 기술과 우주 탐험의 시대를 살고 있습니다. 우리의 대기와 하늘은 별 관측, 폭풍우 관찰, 일출과 일몰을 통해 알고 있듯이 광활하고 아름답습니다. 대기와 하늘은 우리

가 소중히 여기고 보호할 가치가 있습니다.

공해가 미치는 영향

그러나 인간은 빛과 공기를 오염시켜 하늘의 가시성과 우리가 숨 쉬는 공기의 질을 모두 악화시켰습니다.

밤하늘을 잃어버린 세상

인간이 인공 조명에 사용할 전기 활용법을 알아낸 것은 놀라운 업적이었습니다. 조명은 의학을 발전시키고 밤을 안전하게 지키며 집을 환하게 밝혔습니다. 하지만 안타깝게도 인공 조명은 밤하늘의 시야를 방해하는 빛 공해를 유발합니다. 도시와 교외의 과도한 불빛은 별을 보는 우리의 시야를 가립니다. 빛 공해는 수면 습관을 바꾸고, 동물의 동면과 먹이 섭취, 번식 패턴에 혼란을 주고, 새들의 이동을 방해합니다.[1]

낮에는 연무로 인해 주변 풍경을 볼 수 없습니다. 연무는 빛이 공기 중의 오염 입자와 만나 해상도를 낮춰 시야를 흐리게 합니다.[2] 대도시에 뿌연 구름처럼 내려앉은 연무와 스모그를 본 적이 있나요? 이러한 현상은 본래 하나님의 설계에 포함되어 있지 않았습니다.

숨막히는 도시

지구의 대기는 모든 생명체가 숨 쉴 수 있는 공기를 제공하는 동시에 해로운 자외선과 유성으로부터 지구를 보호하는 보호막 역할을 합니다. 대

대기 오염

| 화학적 변환 오존 파괴 | | 오존층 |

| 화학적 변환 오존 생성 | | 대류권 |

| | | 자유 대류권 |

항공기 배출

에어로졸 및 가스의 장거리 운송

| 화학적 변환 오염 물질의 침착 | | 해수의 증발 |

| | | 경계층 |

산업

도시

선박의 황산화물

운송수단

농업

산불

해운 산업

사막먼지

바이오 연료 연소

기는 생명을 유지하는 기체로 구성되어 있으며, 질소 78퍼센트와 산소 21퍼센트, 이보다 적은 양의 이산화탄소, 헬륨, 네온으로 구성되어 있습니다. 대기 오염은 이러한 비율이 부자연스럽게 변경되거나 대기 혼합물에 독성 원소가 추가될 때 발생합니다. 대기 오염은 생태계와 인간의 건강에 해로운 영향을 미칩니다.

가장 흔하고 문제가 되는 대기 오염 유형 중 하나는 미세먼지입니다. 미세먼지는 공기 중에 떠다닐 수 있을 만큼 가벼운 고체 입자와 기체 방울의 혼합물입니다. 여기에는 먼지, 꽃가루, 매연, 연기가 포함되지만, 더 큰 문제는 발전소와 자동차에서 배출되는 화학물질입니다. 미세먼지는 기도로 들어가 폐에 침투하고 심지어 혈류로 흡수될 수도 있습니다. 다른 심각한 대기 오염 물질로는 아산화질소, 이산화황, 오존이 있습니다. 이산화탄소 또한 자연 기준치를 훨씬 초과하여 생태계와 기후 시스템에 악영향을 미치는 경우 대기 오염 물질로 여겨집니다.

대부분의 대기 오염은 운송 수단에서 발생하며, 발전소, 산업 용광로, 벽돌 가마, 농업, 그리고 규제되지 않는 소각(플라스틱 및 배터리와 같은 폐기물)

←

고체와 액체 입자가 특정 기체와 함께 공기 중에 부유하면, 대기가 오염됩니다. 이러한 기체와 에어로졸은 먼지와 꽃가루, 곰팡이 포자부터 자동차 배기가스, 공장식 축산, 산불 등에 의해 생겨납니다. 대부분의 대기 오염은 화석 연료의 연소, 운송, 농업, 축산업, 매립지, 공장의 배기가스로 인해 생겨납니다.

이 그 뒤를 잇는 원인입니다.[3] 많은 농촌 지역에서는 가정용 아궁이가 주요 대기 오염원입니다.

대기 오염에 노출되면 호흡기와 뇌, 심장 건강에 해를 끼칠 수 있습니다. 미세먼지는 특히 임산부에게 문제가 되어 미숙아, 저체중아, 사산아 출산률을 높이며, 특히 아프리카계 미국인 산모에게 가장 큰 영향을 미치고 있습니다.[4] 미세먼지는 치매[5] 및 폐암을 포함한 암 발병률 증가와도 관련이 있습니다.[6] 대기(실외) 및 가정 내 공기 오염으로 인해 매년 약 700만 명이 조기 사망합니다.[7] 따라서 우리는 깨끗한 공기의 지지자가 됨으로써 생명을 보호해야 합니다.

우리는 깨끗한 공기의 지지자가 됨으로써 생명을 보호해야 합니다.

몽골의 위기

2018년, 몽골은 수도 울란바토르의 대기 오염 수치가 허용 기준치의 100배 이상에 달해 공중 보건의 위기에 처했습니다. 몽골 인구의 절반에 달하는 사람들이 일자리가 있는 울란바토르로 이주했기 때문입니다.[8] 가정에서 사용하는 연료는 저렴한 석탄이었으며, 도시 인구의 증가는 석탄 사용량을 증가시켰습니다.

이로 인해 폐가 아직 완전히 발달하지 않은 어린아이들이 중환자실에 실려 가는 등 상황은 매우 참담했습니다. 많은 사람이 기침과 폐렴으로 고통받았고, 도시는 스모그로 뒤덮였습니다. 하지만 사람들은 일자리가 있는 유일한 곳인 이 도시를 떠날 수 없었습니다.

맑은 하늘을 위한 노력

1970년대 이전 미국에서도 짙은 스모그 구름이 도시를 가려 버리자 정부는 청정대기법을 제정해 자동차와 발전소, 공장 등의 대기 오염 배출원을 규제했습니다. 또한 태양의 해로운 자외선에서 우리를 보호하는 오존층을 파괴하는 화학 오염 물질에 대한 경각심을 일깨우고, 산성비를 줄이며 대기 질과 가시성을 개선하는 것을 목표로 했습니다.

악순환의 고리, 오염과 빈곤

전 세계 인구의 대부분은 대기질이 세계보건기구의 가이드라인을 충족하지 못하는 곳에 살고 있습니다.[9] 대기 오염은 저소득 계층과 경제 발전이 취약한 국가에 거주하는 사람들에게 더 큰 영향을 미치며,[10] 도시 지역은 특히 위험한 수준의 스모그에 노출되어 있습니다.

오늘날 유색인종은 오염으로 인한 질병 및 사망으로 큰 고통을 받고 있습니다.[11] 오염 물질을 배출하는 발전소와 혼잡한 도로 근처의 주택은 저렴하게 거래되며, 레드라이닝(현재는 불법이지만 모기지와 같은 금융 서비스를 조직적이고 인종 차별적으로 거부하는 행위)의 잔재로 인해 유색인종 저소득층 가정은 대기 오염이 심한 빈곤 지역에 묶여 있습니다. 이같이 산업 시설 근처에 놀이터와 학교가 위치한 지역의 어린이들은 천식과 발작에 더 자주 시달립니다.

우리의 역할

우리는 빛 공해와 대기 오염을 완전히 제거할 수는 없을 것입니다. 전 세계 인구가 증가함에 따라 공기의 질과 가시성의 문제도 더 심각해질 것입니다. 하지만 피해를 줄이고 되돌리기 위해 할 수 있는 일이 많습니다. 이제 우리가 공기를 더 깨끗하고 안전하게 유지하기 위해 움직일 때입니다. 에너지 기술의 진보는 공기를 더 깨끗하게 만드는 데 기여할 것입니다. 누구나 깨끗하고 숨 쉬기 좋은 공기가 필요합니다. 하나님은 우리에게 광활한 하늘을 주셨고, 우리는 이 소중한 선물을 보호하고 돌볼 책임이 있습니다.

누구나 깨끗하고 숨쉬기 좋은 공기가 필요합니다.

성경적 관점

하나님은 대기 문제를 포함하여 지구의 잘못되고 손상된 부분을 모두 보고 계십니다. 그리고 창조 세계를 잘 돌보는 데 실패한 우리에게 자비를 베푸십니다. 요한복음 3장 16절의 "하나님이 세상을 이처럼 사랑하사 독생자를 주셨으니"라는 말씀에 등장하는 '세상'은 헬라어로 kosmos(코스모스), 즉 '전 우주'를 의미합니다. 이는 하나님이 우리 인간뿐만 아니라, 온 땅을 구속하기 위해 아들을 주셨다는 것을 의미합니다. 여러분은 하나님처럼 세상을 사랑하고, 하나님의 구속 사역에 동참하여 기꺼이 세상을 돌볼 준비가 되어 있나요?

하늘에 펼쳐진 하나님의 창의성

하늘의 놀라운 경관은 우리에게 창조주에 대해 알려 줍니다. 광활한 우주는 무수히 많은 별이 무리를 짓거나 빛나는 먼지처럼 펼쳐진, 검푸른 색으로 짠 베와 같습니다. 시편 19편 1절은 "하늘이 하나님의 영광을 선포하고 궁창이 그의 손으로 하신 일을 나타내는도다"라고 분명히 말씀합니다. 우리는 하늘에 비치는 하나님의 영광이 세상의 더 많은 영역에 도달하도록 해야 합니다. 우리와 다음 세대는 맑은 하늘의 반짝이는 별들을 보며 창조주에 대해 경이로움을 느낄 것입니다. 그리고 이를 통해 깨끗한 공기와 맑은 하늘은 하나님의 영광을 나타낼 것입니다.

우리를 위하시는 하나님

하늘은 아름답기만 한 것이 아니라, 하나님의 완벽한 계획과 다스림 아래 있음을 보여 줍니다. 지구 대기 중 가스의 종류와 비율은 생명체가 번성하기에 꼭 알맞으며, 인간과 식물이 산소와 이산화탄소를 공유하며 살아가는 구조는 자연의 조화를 나타냅니다.

우리 은하 밖에서는 우주가 팽창함에 따라 수십억 개의 다른 은하가 우주를 여행하고 있습니다. 허블 우주 망원경은 시속 482만 8,000킬로미터로 우리에게서 멀어지며 이동하는 은하를 포착했습니다. 하나님은 우주의 에너지와 중력, 행성의 힘을 시작하고 유지하십니다. 그분의 섭리에 따라 우주는 팽창하고 은하계는 회전하며 태양계는 함께 움직입니다.

시편 46편 10절에서 하나님은 우리에게 "너희는 가만히 있어 내가 하나님 됨을 알지어다"라고 말씀하십니다. 이 구절은 지구가 타거나 얼어붙지 않도록 지구를 태양으로부터 적당한 거리에 위치시킨 분이 누구인지 생각하게 합니다. 하늘과 모든 별의 하나님, 그 안에 나와 여러분이 살기에 완벽한 지구를 만드신 하나님…. 우리는 진정으로 그분을 믿고 있나요? 삶의 동요와 혼란 속에서도 하나님은 우리를 기도의 자리로 초대하셔서 생태 위기에 대한 우리의 염려를 그분께 맡기도록 이끄십니다. 하늘을 바라보며 지구에서 우리의 위치를 생각해 보고, 대기 오염과 같은 환경 문제를 해결하는 데 어떤 역할을 할 수 있을지 하나님께 지혜를 구해 보세요.

그분의 지시에 따라 우주는 팽창하고 은하계는 회전하며 태양계는 함께 움직입니다.

모두를 위한 지혜

잠시 시간을 내어 밤하늘을 감상해요.
마지막으로 별과 행성, 별자리를 보며 감탄한 적이 언제였나요? 우리 주변의 대기와 하늘에 감사할 때, 창조 세계와 연결되어 있음을 느끼고 그것을 더 잘 돌보고자 하는 마음이 생깁니다.

별과 천체 관측을 즐겨요.
- NASA의 "오늘의 천문학 사진"을 통해 현대 기술로 바라본 다양한 우주의 모습을 확인하세요. 은하와 성운, 별, 행성 및 기타 천문학적 광경은 창조주에 대한 경외심과 놀라움을 불러일으키며, 아침 기도를 시작하는 멋진 방법이 될 수 있습니다.
- Star Walk 같은 별자리 관측 어플리케이션을 다운로드 하세요. 휴대전화를 하늘로 향하게 하여 지금 보고 있는 별과 별자리를 알아볼 수 있습니다.

국제 다크 스카이 플레이스(IDSP)를 방문해요.
- darksky.org에서 가까운 IDSP(International Dark Sky Place) 또는 보호 구역을 찾아보세요. 빛 공해가 없는 밤하늘을 감상하고 별과 천체의 아름다움을 경험할 수 있는 좋은 방법입니다.

우리는 대기의 질을 개선할 수 있습니다.
- 지역 환경 단체와 협력하거나 집 마당에 녹지를 조성하고 나무를 심는 것도 대기 오염을 줄이는 방법입니다. 이는 하나님이 고안하신 자연의 공기 정화 방법에 동참하는 것입니다.

나무를 심어요.
- 나무는 천연 공기 필터로, 이산화황과 오존, 질소산화물 및 먼지와 같은 대기 오염 물

질을 줄입니다.

대기질에 대한 최신 정보를 확인해요.
- 많은 도시에서 대기 오염 물질을 측정하는 모니터링 시스템이 운영되고 있으며 그 결과를 온라인과 어플리케이션에서 확인할 수 있습니다.

빛 공해와 연무를 줄여요.
- 밤하늘의 시야를 개선하고 밤중에 이동하는 새들의 혼란을 줄이기 위해 조명을 신중하게 사용하세요.

스위치를 꺼요.
- 가능하면 조명을 꺼서 빛 공해를 줄이고 전기 요금과 탄소발자국을 줄이세요.
- LED 조명으로 교체하세요. LED는 적은 에너지로 충분한 밝기를 제공할 뿐 아니라 청색광 방출을 줄여 야생동물에게도 유익합니다.
- 빛 공해를 줄이도록 설계된 조명 기구를 사용하세요. 조명 디자인은 빛이 필요한 곳을 향하도록 설계하고 과도한 빛이 하늘로 쏟아져 올라가지 않도록 차단해야 합니다. 조명 기구를 구매할 때는 저공해 조명을 판매하는 회사를 찾아보세요.

대기 오염을 줄이는 데 동참해요.

우리 일상의 많은 부분이 우리가 호흡하는 공기에 영향을 미칩니다. 우리가 사용하는 교통수단과 소비자로서의 선택이 대기 오염을 줄이고 지역사회를 더 건강하게 만들 수 있습니다.

전기차를 사용해요.
- 전기차는 배기관이 없고 전기로만 작동하여 환경을 오염시키지 않습니다. 풍력이나 태양열로 전기를 얻으면 탄소 배출량을 최소화할 수 있습니다.
- 또한 전기차는 휘발유 차량의 절반 수준의 비용으로 운행할 수 있으며,[12] 정부의 환급 및 세금 공제 혜택을 받을 수 있습니다.

▶ 충전소는 늘어나고 있으며, 대형마트와 식료품점 주차장과 같이 일상적인 장소에서도 자동차를 충전할 수 있습니다. 또한 많은 기업에서 전기차 전용 주차 공간을 마련하고 있습니다.

자동차를 친환경적으로 관리해요.
▶ 자동차 배기가스 배출 기준을 준수하세요. 정기적인 차량 정비로 오염을 증가시킬 수 있는 문제를 발견할 수 있습니다.
▶ 한 달에 한 번 타이어 공기압을 점검하세요. 타이어 공기압이 낮으면 더 많은 연료가 소모됩니다.
▶ 자동차 또는 트럭 내부에 불필요한 물건을 제거하여 차량 무게를 줄이세요. 차량의 하중을 줄이면 연비가 절약됩니다.

운전을 줄여요.
▶ 대기 오염을 줄이는 가장 좋은 방법 중 하나는 운전 횟수를 줄이는 것입니다. 한 번 자동차를 끌고 나가서 많은 일을 처리하면 전체 운전 시간을 획기적으로 줄일 수 있습니다. 이는 가장 간단하면서도 중요한 습관의 변화 중 하나입니다.
▶ 자전거를 이용하거나 대중교통 및 카풀을 이용하세요. 동료나 동급생과 카풀을 계획하거나 지역의 차량 공유 서비스를 찾아보세요.

수성 페인트와 친환경 세제를 사용해요.
▶ 화학 기반 페인트와 개인 용품 및 청소 제품은 대기 오염 물질인 휘발성 유기 화합물을 함유할 수 있습니다.
▶ 청소 제품을 구매할 때는 휘발성 유기화합물 함량이 낮거나 없는 제품을 구매하세요.

대기 오염을 줄이기 위해 노력하는 비영리단체를 지원해요.
대기 오염이 개인의 직접적인 통제를 벗어날 때, 우리는 배출량을 줄이고 대기를 더 깨끗하게 만들기 위한 대안을 장려하는 정책과 제도를 지지할 수 있습니다. 또한, 대기 오염 문제에 전문성을 가진 단체들이 국내외 지역사회에서 유익한 활동을 펼치고 있습니다.

탄소 배출량 감축과 청정에너지 솔루션을 위한 활동을 지지해요.
- 지역 의원에게 전화하거나 편지를 보내 해당 지역의 대기 오염 기준과 감축이 중요하다는 사실을 알려 주세요.
- 굴뚝의 탄소 배출량을 줄이는 청정 기술로의 전환, 주민과 대중교통 모두를 위해 전기 자동차에 대한 인센티브 개선 및 증가, 더 많은 재생 가능 에너지원(태양열, 풍력, 수력)을 가정용 전력망에 통합하는 것을 장려하는 인센티브, 가정용 옥상 태양광 발전과 같은 지역 소규모 재생에너지 옵션을 촉진하기 위한 인센티브 제공과 같은 주제에도 관심을 가지세요.

비영리 환경단체를 지원해요.
- **Earthjustice**는 지역사회에서 대기 오염으로부터 공중 보건을 보호하고 청정에너지 발전 솔루션을 제공하는 비영리 법률 단체입니다.
- **Wise Women's Clean Cookstoves Project**는 나이지리아의 여성들에게 깨끗한 요리용 레인지에 대한 교육, 자금 지원, 구매 정보 등을 제공합니다.
- **Project Drawdown**과 **The Global Peace Foundation**은 전 세계 지역사회를 대상으로 깨끗한 요리용 에너지 사용 개선에 초점을 맞춘 프로젝트를 진행하고 있습니다.
- **Clean Air Task Force**는 미국의 대기 오염을 줄이기 위한 성공적인 캠페인을 주도하는 비영리단체입니다.

만물이 그에게서 창조되되 하늘과 땅에서 보이는 것들과 보이지 않는 것들과
혹은 왕권들이나 주권들이나 통치자들이나 권세들이나 만물이 다 그로 말미암고 그를 위하여 창조되었고
또한 그가 만물보다 먼저 계시고 만물이 그 안에 함께 섰느니라
_ 골로새서 1:16-17

CHAPTER 5

사라져 가는 지구의 허파,

숲

땅이 풀과 각기 종류대로 씨 맺는 채소와 각기 종류대로 씨 가진 열매 맺는 나무를 내니
하나님이 보시기에 좋았더라
_ 창세기 1:12

지구의 숲은 위도와 기후에 따라 각기 엄청나게 많은 종류의 나무가 자랍니다. 나무들은 타원형, 하트형, 엽상형, 스파이크형 등 다양한 잎 모양이 결합하여 지구 곳곳에 독특한 캐노피를 형성합니다. 아한대 지역의 숲은 혹독한 추위와 강설에 적응하여, 공중에서 보면 침엽수의 뾰족한 꼭대기가 삼각형으로 내려오고 바늘 같은 잎으로 덮인 가지가 줄기 아래 쪽으로 길게 뻗어 캐노피가 우거져 있지는 않습니다. 활엽수림은 참나무와 레드우드, 단풍나무의 잎이 두툼하게 뭉쳐 있어서 마치 브로콜리 다발처럼 보이는 캐노피도 있습니다. 적도 쪽으로 갈수록 열대 기후는 울창한 캐노피가 하늘 높이 솟아오른 열대우림을 만들어 냅니다.

 열대우림 특유의 습도와 수분은 이국적인 야생식물을 피워 냅니다. 크고 꼿꼿하며 아름다운 꽃들이 무지갯빛 벌새와 화려한 나비를 불러들입니다. 파리지옥은 곤충이 가까이 오면 재빨리 잎을 닫아 삼켜 버립니다. 라임과 포레스트, 세이지, 올리브색 등 모든 초록빛의 초목들은 연처럼 큰 잎을 달고 지면을 초록으로 물들입니다. 재규어는 나무에 올라 먹이를 쫓

거나 휴식을 취합니다. 원숭이는 우뚝 솟은 나뭇가지와 덩굴에 매달려 그네를 타기도 합니다. 숲은 생동감이 넘칩니다. 열대우림은 지구상에서 가장 시끌벅적하고 호기심을 불러일으키는 생명체가 모여 사는 곳입니다. 그런데 이 열대우림이 놀라운 속도로 사라지고 있습니다.

> 열대우림은 지구상에서 가장 시끌벅적하고 호기심을 불러일으키는 생명체가 모여 사는 곳입니다.

황폐해지는 숲

세계 인구가 계속 증가함에 따라, 우리는 식량과 자재를 얻고 집과 건물을 위한 공간을 확보하기 위해 점점 더 많은 숲을 파괴하고 있습니다. 우리가 다시 나무를 심고 복원하지 않으면 숲의 탈삼림화는 가속화될 것입니다. 인류는 산업화 이전부터 지구 전체 숲의 30퍼센트 이상을 파괴했으며, 남은 숲의 상당 부분도 빠르게 황폐화하며 조각내고 있습니다.[1]

임업인들이 나무를 현명하게 관리한다면 숲 전체의 건강한 성장과 재생을 도울 수 있습니다.[2] 숲은 다양한 연령과 크기, 종류의 나무가 공존할 때 가장 회복력이 높습니다. 목재와 종이 제품을 만드는 데 필요한 벌목을 책임감 있게 수행하는 방법이 있지만 안타깝게도 지난

> 인류는 산업화 이전부터 지구 전체 숲의 30퍼센트 이상을 파괴했으며, 남은 숲의 상당 부분도 빠르게 황폐화하며 조각내고 있습니다.

수십 년간 많은 나무가 불법으로 벌목되었고, 삼림 전체를 파괴했습니다. 또한 열대우림에서는 심각한 수준의 삼림 벌채가 이루어지고 있습니다. 2019년에는 축구장 면적에 해당하는 숲이 6초마다 사라졌습니다.[3]

열대우림 탈삼림화의 주요인은 화전 농업입니다. 소작농들은 숲을 베어 낸 다음 불태워 재로 비옥해진 토양에서 작물을 재배하는데, 이 기술은 지속 가능성이 매우 떨어집니다. 불과 수년 안에 농작물 생산이 중단되기 때문입니다. 그러면 해당 농장은 버려지고 다시 새로운 숲이 태워지는 일이 반복됩니다. 동남아시아와 열대 아프리카, 아메리카 대륙에서는 팜유 생산을 위해 숲을 개간하는 경우가 많습니다.

삼림 파괴와 팜유 산업이 제공하는 일자리와 제품 사이에는 큰 딜레마가 존재합니다. 많은 노동자가 빈곤선 아래에 있어 다른 선택의 여지가 없습니다. 전 세계적으로 네 명 중 한 명은 생계를 위해 숲에 의존하고 있습니다.[4] 원주민 6,000만 명을 포함해 전 세계 농촌 인구의 약 5분의 1(7억 5,000만 명)이 숲에 살고 있습니다.[5]

지구를 숨 쉬게 하는 열대우림

열대우림은 지구에서 가장 소중한 생태계 중 하나로, 지구상의 다른 어떤 지역보다 풍부한 생물 다양성을 보유하고 있습니다. 아마존 열대우림에는 약 6,000여 종의 나무가 자라며,[6] 이는 수백만 종의 생물에게 풍부하고 생명력 넘치는 서식지를 제공합니다.[7] 열대우림은 현존하는 습한 열대림 중 가장 많은 부분을 차지하며, 이 열대림의 3분의 2는 브라질에 위치해 있습니다. 그러나 지난 50년 동안 우리는 아마존 열대우림의 약 17퍼센트를 파괴했으며, 대부분은 가축 사육을 위한 삼림 벌채가 목적이었습니다.[8]

지금과 같은 속도로, 그리고 회복될 수 없는 방식으로 숲을 계속해서 벌목할 수는 없습니다. 이런 파괴적인 방식으로 계속해서 숲을 개간한다면 브라질과 같은 농업 지역에 필요한 습도와 강우량이 감소하게 될 것입니다. 열대우림과 같은 거대한 생태계는 도미노 같아서 생물군계에 갑작스러운 변화를 일으킬 수 있습니다.[9] 아마존 열대우림의 삼림 벌채 면적이 40퍼센트를 넘어서면 과학자들이 오랫동안 우려해 온 티핑포인트, 즉 건조한 사바나로의 전환이 시작될 것입니다.[10] 그리고 삼림 벌채 추세가 지금처럼 계속된다면 이 재앙적인 변화는 30년 이내에 일어날 것으로 예상됩니다.[11] 열대우림은 지구의 기후를 조절하고 대륙 전체의 농업 수확량에 영향을 미칩니다. 거대한 면적의 천연림을 제거하는 것은 마치 신체의 중요한 장기와의 연결을 끊는 것과 같습니다. 이는 전체 시스템을 망가뜨리는 일입니다.

> **거대한 면적의 천연림을 제거하는 것은 마치 신체의 중요한 장기와의 연결을 끊는 것과 같습니다.**

우리의 역할

건강한 지구에는 풍요로운 숲이 필요합니다. 전 세계 숲의 조림과 재생은 대기 오염, 기후 조절, 수질 정화를 돕습니다.

우리는 숲을 회복하는 동시에 농부와 임업인의 생계를 고려한 삼림 기술을 구현할 수 있습니다. 우리의 숲은 공기와 물을 정화하며, 생태계를 지탱하고, 탄소와 물의 순환을 조절하고, 식량과 의약품을 제공하고, 토양을 강화하고, 놀랍도록 수많은 동식물을 위한 쉼터를 제공합니다. 이렇듯 자연의 아름다움을 지닌 숲은 하나님의 창조 세계의 소중한 일원입니다!

성경적 관점

요한계시록 끝 부분에 보면 생명나무가 깜짝 등장합니다. "강 좌우에 생명나무가 있어 열두 가지 열매를 맺되 달마다 그 열매를 맺고 그 나무 잎사귀들은 만국을 치료하기 위하여 있더라"(계 22:2). 하늘과 땅이 다시 조화를 이루는 곳에서 하나님은 이 생명나무를 통해 온 세상에 영양을 공급하실 것입니다.[12] 마지막 구원의 날에 대해 기록된 나무의 역할을 보면 경탄하지 않을 수 없습니다. 우리의 구속자이신 하나님의 계획이 어찌 그리 완전

→

탄소 순환은 탄소가 교환되는 생지화학적 과정으로, 안정적인 탄소 균형과 기후를 유지하는 데 매우 중요합니다. 탄소 순환의 원리는 다음과 같습니다. 탄소는 공기(이산화탄소)에서 식물로(광합성을 통해 유기물로), 식물에서 동물로(먹이사슬을 통해), 식물과 동물에서 토양의 분해자로(분해를 통해) 순환합니다. 땅속에 저장된 유기물(생물)인 화석 연료에서 대기로, 그리고 대기에서 해양으로 이동합니다.

산림의 탄소 순환

대기 중의 이산화탄소(CO_2)

연료의 연소

확산

산업 화석 연료
(석유, 가스, 석탄)

광합성

식물

세포 호흡

동물

용존 이산화탄소
(CO_2)

중탄산염

탄소 퇴적물

분해자
곰팡이, 지렁이, 미생물

> 하늘과 땅이 다시
> 조화를 이루는 곳에서
> 하나님은 이 생명 나무를 통해
> 온 세상에 영양을
> 공급하실 것입니다.

하고 놀라운지요.

나무에 심어 놓으신 하나님의 계획

창세기 1장에서 하나님은 초목과 나무를 창조하신 후 보시기에 좋았다고 말씀하셨습니다. 나무는 창조 세계의 일원으로서 함께 예배했습니다. 기독교인으로서 우리는 예배에 익숙합니다. 하지만 나무들도 그들만의 방식으로 하나님을 찬양합니다. 이사야 44장 23절에서는 숲과 그 가운데의 모든 나무가 여호와께서 그의 백성들을 구속하신 일로 "소리내어 노래할지어다"라고 권합니다. "너희는 기쁨으로 나아가며 평안히 인도함을 받을 것이요 산들과 언덕들이 너희 앞에서 노래를 발하고 들의 모든 나무가 손뼉을 칠 것이며"(사 55:12).

예수님과 나무

예수님은 공생애를 시작하시기 전에 십자가의 재료이기도 했던 나무를 다루는 목수로 일하셨습니다. 예수님은 나무를 톱질하고, 사포질하고, 깎고, 조각하셨습니다. 망치로 두드리고 못을 박으셨습니다. 나무의 결과 촉감은 그분 평생에 매우 익숙한 것이었고, 그분이 돌아가시는 순간에 그분은 스스로 나무에 기대셨습니다. 하나님이신 예수님은 언젠가 우리를 구원하시기 위해 나무를 사용하실 것을 알고 세셨습니다. 참으로 겸손하고 경배받으시기에 합당하신 분입니다. 그분은 삶과 죽음 모두에서 사람들을 섬기는 데 의미 있는 방식으로 자연과 나무와 상호 작용하셨습니다.

생명의 나무

성경 전체에 걸쳐 하나님은 나무를 사용하여 그분의 구원 이야기를 전하십니다. 창세기 2장에서 아담과 하와는 금지된 선악과를 따먹은 후 에덴동산에서 추방되었습니다. 하지만 하나님은 동산 한가운데에 선악을 알게 하는 나무 외에 또 다른 나무인 생명나무를 두어서 영원한 양분과 불멸을 얻게 하셨습니다. 죄로 인해 우리는 이 나무와의 관계를 잃어버렸지만 예수님은 이 땅에 오셔서 자신을 영원한 생명의 근원이자 가지 많은 참 포도나무라고 말씀하셨습니다(요 15:5). 그분은 천국을 "공중의 새들이 와서 그 가지에 깃들이"는 큰 나무에 비유하며 자신을 나타내셨습니다(마 13:32).

> 하지만 하나님은 동산 한가운데에 선악을 알게 하는 나무 외에 또 다른 나무인 생명나무를 두어서 영원한 양분과 불멸을 얻게 하셨습니다.

모두를 위한 지혜

내가 사는 지역의 숲과 가까워져요.
숲의 가치를 배우는 가장 좋은 방법은 내가 사는 지역의 숲을 직접 경험하는 것입니다. 나무 그늘 밑에서 휴식을 취하고, 숲이 걸러 주는 깨끗한 공기를 마시며, 나뭇잎이 바스락거리는 소리를 듣고, 숲속 쉼터에서 곤충과 새, 다양한 생물을 관찰하세요.

나무 도감을 찾아봐요.
- ▶ 나뭇잎의 형태와 나무껍질의 유형, 열매와 꽃 등 다양한 특징은 나무를 식별하는 중요한 단서가 됩니다. 현장의 생태 해설가는 각 수종과 고유한 특징이 담긴 사진과 일러스트를 제공합니다.
- ▶ 식물도감을 들고 숲이나 뒷마당으로 가서 각 나무의 다양한 특징을 찾아보세요.

지역 복원 또는 나무 심기 프로젝트에 참여해요.
- ▶ 지역 내에 숲의 건강을 지키고 보호하는 활동을 찾아보세요. 나무 심기 행사나 외래종 제거 프로젝트가 있을 수 있습니다.

글로벌 포레스트 와치(Global Forest Watch)로 전 세계의 숲을 확인해요.
- ▶ 세계자원연구소가 주도하는 온라인 삼림 모니터링 시스템으로, 어플리케이션을 설치하면 위성 이미지를 사용하여 전 세계의 산림 면적 변화를 거의 실시간으로 확인할 수 있습니다.

열대우림 제품이 윤리적 공급망으로 유통되는지 확인해요.
화전 농업과 벌채 등 지속 불가능한 농업 방식은 열대 및 아열대 지역 삼림 벌채의 약 80퍼센트를 차지합니다.[13] 열대우림에서 생산된 제품이 윤리적이고 지속 가능한 방식으로 공급된 제품인지 알아보고 구매하세요.

커피를 신중하게 선택해요.
- 커피 생산자의 약 61퍼센트는 커피 원두의 생산 원가보다 낮은 급여를 받습니다.[14] 공정무역 커피는 제3자의 평가와 인증을 통해 가격과 환경 기준을 충족하는지 확인합니다. 직거래는 커피 회사가 특정 농장과 직접 거래하므로 공급망의 투명성이 보장됩니다.
- 공정무역 인증 라벨을 확인하거나 해당 기업 및 매장에서 커피를 어떻게 거래하고 있는지 물어보세요.
- 나무나 관목 아래 그늘에서 재배된 원두를 찾아보세요. 이 방식은 땅과 야생동물, 특히 새에게 유익합니다. 내가 마시는 커피가 공정무역이나 유기농 인증 마크를 받았다면, 그 커피는 그늘에서 재배되었으며 유기농임을 의미합니다.
- Café Mam, Stumptown Coffee Roasters, Conscious Coffees, Pura Vida Coffee, Rise Up Coffee Roasters 등 모범 사례를 가진 커피 브랜드를 구매하세요.

코코아를 고를 때 인증마크를 확인해요.
- 농부들은 더 많은 양의 코코아를 재배하기 위해 숲을 벌채하고 있습니다. 이런 코코아 재배 방식은 토양을 황폐화하고, 야생동물의 서식지를 없애며, 하천과 수로를 오염시킵니다.[15] 또한 코코아 산업은 아동 노동, 강제 노동 및 성 불평등이라는 문제를 안고 있습니다.
- 열대우림 동맹의 인증을 받은 초콜릿을 찾아보세요. 이 동맹은 소규모 코코아 농장들과 협력하여 코코아를 그늘에서 재배하도록 장려합니다. 초콜릿의 품질만큼이나 윤리적인 생산 방식을 확인하세요.

육우 선택은 신중하게 해요.
- 브라질은 소를 방목할 수 있는 공간을 만들기 위해 열대우림을 개간하고 있습니다.
- 패스트푸드점의 소고기 공급처를 확인하고 브라질산 소고기를 사용하는 곳을 피하세요.
- 고기 대체 식품을 찾아보세요. 비건 버거와 같이 고기와 유사한 맛을 내는 대체 식품도 있습니다.[16]

팜유는 우리 생활에 매우 밀접하게 연결되어 있습니다.
- ▸ 열대우림 식물에서 추출한 팜유는 각종 식품과 화장품, 샴푸, 비누 및 기타 많은 일상용품에 함유되어 있습니다.
- ▸ 이 엄청난 수요를 충족하기 위해 인도네시아의 열대우림은 급속도로 개간되어 팜유 농장으로 대체되고 있습니다. 그 결과, 오랑우탄이 서식지를 잃고 멸종될 위기에 처해 있습니다.
- ▸ 팜유 생산은 300만 명 이상의 소작농들에게 생계를 제공합니다.[17] 삼림 벌채 속도를 늦추는 핵심은 이 지역사회가 지속 가능한 방법으로 야자유를 생산하도록 교육하고 역량을 강화하는 데 있습니다.
- ▸ 지속 가능한 팜유를 위한 라운드테이블(RSPO)이 2004년에 개최되었습니다. 이를 통해 다국적 기업들이 팜유 공급망을 추적하고 지속 가능한 방식으로 수확된 팜유만을 구매하기로 약속했습니다.
- ▸ 팜유 제품에서 RSPO 인증 또는 열대우림 동맹 인증을 확인하세요. RSPO 웹사이트에서 인증된 지속 가능한 팜유 제품의 광범위한 목록을 확인하세요.

목재 제품을 보존하는 습관을 길러요.

어떤 가구와 종이를 구매할지 신중하게 결정하는 것은 불필요하고 지속 불가능한 삼림 벌채를 줄일 수 있습니다. 미국 및 유럽, 호주에서는 최근 몇 년 동안 불법적으로 공급, 거래되는 목재 제품의 수입을 금지하는 법을 통과시켰습니다.

종이와 나무로 만든 제품을 구매하기 전에 알아보세요.
- ▸ 목재와 종이 생산 과정에서 숲에 나무를 다시 심고 복원하는 방식으로 만든 지속 가능한 제품을 선택하세요.
- ▸ 종이 사용량을 줄이고 가능하면 재사용하세요. 종이 접시나 종이컵과 같은 일회용 제품을 사용하지 마세요. 심지어 지속 가능한 방식으로 공급된 종이라고 할지라도 그 종이는 결국 나무에서 나온 소중한 자원임을 기억하세요.
- ▸ 항상 종이를 재활용하세요. 미국에서는 새로운 종이 제품을 만드는 데 사용되는 섬유

의 38퍼센트를 재활용 종이에서 얻습니다.[18]
- ▶ 선택 가능한 경우 재활용 재료로 만든 종이를 구매하세요. 나무를 보호하는 친환경적인 공책과 사무용품으로 반 친구들이나 동료들에게 영감을 줄 수 있습니다.
- ▶ 과도한 양의 종이 사용을 줄이기 위해 온라인 구매를 제한하세요. 선택이 가능하다면 품목을 합배송하거나 매장을 직접 방문하세요.

지속 가능한 방식으로 만든 가구를 구매해요.
- ▶ 집과 사무실의 가구와 바닥재가 마호가니, 로즈우드, 샌드우드와 같은 귀중한 목재 자원이 포함된 열대림의 목재로 만들어졌을 수도 있습니다.[19] 구매한 제품이 지속 가능한 방식으로 공급된 목재를 사용했는지 확인하세요.
- ▶ 재활용 소재와 인증을 받은 지속 가능한 목재 제품을 사용하고, 공정한 노동 및 무역 거래에 대해 높은 기준을 유지하는 가구 브랜드를 지원하세요.
- ▶ 지역사회의 장인 목수를 찾아가 버려진 목재 또는 인증된 목재를 이용한 가구를 제작, 의뢰하세요. 재생 목재로 만든 커피 테이블과 같은 가구는 친환경적이면서도 세련된 멋을 지녔습니다.

삼림 벌채를 되돌리기 위해 노력하는 비영리단체 및 프로젝트를 지원해요.
- ▶ **Plant with Purpose**는 지역사회와 협력하여 혼농 임업, 재조림 및 묘목장 프로젝트를 통해 삼림 벌채를 되돌립니다.
- ▶ **Amazon Watch**는 열대우림을 보호하고 아마존 원주민의 권리와 지속 가능한 실천을 확장하기 위해 수십 년 동안 노력해 왔습니다.
- ▶ **One Trillion Trees**는 2030년까지 1조 그루의 나무를 보존하고 복원하는 것을 목표로 하는 비영리단체, 정부 및 기업 간의 공동 프로젝트입니다.

내가 진실로 진실로 너희에게 이르노니 한 알의 밀이 땅에 떨어져 죽지 아니하면
한 알 그대로 있고 죽으면 많은 열매를 맺느니라
_ 요한복음 12:24

먹거리가 생산된 지역과 그 먹거리를 자라게 하는 흙에 대해 생각해 본 적이 있나요? 농장은 식물, 동물, 토양, 물, 공기가 가득한 살아 있는 생태계로, 이들의 상호작용을 통해 땅의 건강함과 지속 가능성이 유지됩니다. 생물 다양성이 높고 자연계의 모든 요소가 제 역할을 다할 때 농장의 수확량도 풍부해집니다.

혹시 한 티스푼의 흙에도 수십억 마리의 미생물이 살고 있다는 사실을 알고 있나요? '살아 있는 흙'은 생산적인 농지의 기초가 되어 식물을 위해 영양분을 전환하고, 토양의 구조를 만들어 수분 흡수를 촉진합니다. 그러나 안타깝게도 우리는 지구의 토양을 심각하게 훼손해 왔고, 집약적인 농

흙(soil) vs. 흙먼지(dirt)

흙과 흙먼지의 차이는 무엇일까요? 흙먼지는 시간이 지남에 따라 암석이 풍화되면서 만들어지는데, 이는 바람과 물이 암석을 모래, 점토, 미사로 천천히 분해하는 과정입니다. 이 흙먼지에 물, 공기, 분해된 식물과 동물의 일부인 유기물이 더해진 것이 흙입니다. 이 흙 속의 버섯과 점균류(단세포 진핵 미생물), 곰팡이, 박테리아가 사체를 부패시키고 사체의 영양분을 방출하여 재사용될 수 있도록 돕습니다. 이렇게 만들어진 천연 비료가 비로 생명력 넘치는 토양을 만드는 핵심입니다.

업 때문에 전체 토양의 3분의 1이 손실되었습니다. 유엔(UN)의 보고에 따르면 비옥한 토양이 매년 약 24억 톤씩 유실되고 있습니다.[1]

땅을 망치는 농업 관행

지난 50년 동안 산업형 농업 기술은 농업 생산성을 두 배로 늘리고 같은 기간 동안 역시 두 배로 증가한 인구를 부양해 왔습니다.[2] 산업형 농업은 대규모로 기계화된 시스템으로 농작물과 가축을 집약적으로 생산합니다. 이러한 유형의 농장은 일반적으로 쌀과 옥수수, 밀과 같은 한 가지 작물만 생산하며, 농지에 대량의 화학 비료와 살충제를 투입합니다. 육류 생산은 가축을 좁은 공간에서 사육하는 공장식 축산 방식으로 이루어집니다. 이처럼 과밀한 사육 환경은 질병이 퍼지기 쉬운 환경이 되고, 이를 방지하기 위해 가축에게 과도한 항생제를 투여합니다. 그 결과, 항생제 내성 박테리아가 나타나게 되었습니다. 많은 사람을 먹이고 더 많은 수익을 창출하기 위한 농축산업의 이러한 관행은 농작물과 육류 생산량을 극대화하는 과정에서 발생합니다.

그러나 이와 같은 방법들은 땅의 지속적인 생산력을 위협합니다. 단일 재배는 토지의 생물 다양성과 자연의 회복력을 앗아 갑니다. 밭갈이와 과잉 생산, 산울타리 및 나무 제거는 토양이 비와 바람에 의해 침식되는 원인이 됩니다. 지구

> 지구 곳곳에서 토양은 채워지는 속도보다 10-40배 빠르게 침식되어 매년 영국 면적에 가까운 농경지가 사라지고 있습니다.

곳곳에서 토양은 재생 속도보다 10-40배 빠르게 침식되어 매년 영국 면적에 가까운 농경지가 사라지고 있습니다.[3]

이러한 집약적인 농업 관행은 안타깝게도 토양의 양분을 고갈시켜 더 많은 인공 비료를 사용하게 합니다. 인공 비료의 과도한 사용으로 인해 발트 해와 체서피크 만의 일부 지역에서는 때때로 물고기 사체들이 온 수면을 덮기도 했습니다. 참으로 슬프고 비극적인 상황입니다. 이런 현상은 과도한 비료가 수로로 흘러들어가 조류가 많이 번식하면서 산소가 부족해지고, 그로 인해서 물고기가 질식하는 '데드존'을 형성할 때 생겨납니다. 전 세계의 많은 수역이 데드존으로 고통받고 있으며, 이는 어획량에 손해를 끼쳐 어촌 공동체에도 악영향을 미칩니다.

버려지는 식량과 음식물 쓰레기

건강한 토양을 지키는 문제만큼이나 식량 부족 문제 역시 심각합니다. 지구가 온 인류가 먹을 만큼의 충분한 식량을 생산하고 있음에도 2019년에는 약 6억 9,000만 명이 기아에 시달렸습니다.[4] 같은 해, 5세 미만 어린이의 약 4분의 1이 비타민과 미네랄 부족으로 발육부진(영양실조)을 겪었습니다.[5] 농부들은 전 세계 인구의 1.5배에 달하는 약 100억 명이 먹을 수 있는 식량을 생산합니다.[6] 하지만 그 중 3분의 1은 폐기됩니다.[7] 내 월급의 3분의 1을 쓸모없이 버린다고 상상해 보세요. 혹은 우리 집 냉장고에 보관된 음식의 3분의 1이 상했다고 생각해 보세요. 음식물 쓰레기는 전 세계적으로 심각한 문제입니다. 식량 생산량은 이미 충분합니다. 중요한 것은 기아에 시달리는 사람들에게 영양가 있는 음식이 분배되는가 하는 것입니다.

만성적인 기아를 겪는 사람들은 대부분 식량이 부족한 개발도상국에서 극심한 빈곤에 시달리고 있습니다. 그런데도 일부 부유한 지역에서는 재배된 식량의 40퍼센트가 부패하고 있습니다. 소규모 농업인은 부패를 방지할 수 있는 저장 시설이 부족하고, 이런 지역은 식량을 안전하게 제때 운송할 수 있는 도로와 고속도로가 없는 경우가 많습니다.

땅을 살리는 농업

인구 증가에 따른 토양 고갈과 음식물 쓰레기 문제는 지속 가능한 농업을 통해 완화할 수 있습니다. 지속 가능한 농업이란 토지의 생명력을 고갈시키지 않으면서 미래에 우리가 필요로 하는 만큼의 먹거리를 계속 생산할 수 있게 하는 농작물 재배와 가축 사육 방식을 의미합니다. 우리는 농장과 지역사회 및 정원에서 땅을 비옥하고 생산적으로 유지하기 위해 자연과 협력하는 방법을 배우고자 합니다. 이를 통해 현세대와 미래 세대는 땅이 자연적으로 재생될 수 있는 방식으로 작물을 지속적으로 수확할 수 있게 됩니다.

시급한 과제는 토양의 건강을 지키면서도 모든 사람에게 안전한 식량을 공급하는 지속 가능한 먹거리 시스템을 도입

> **시급한 과제는 토양의 건강을 지키면서도 모든 사람에게 안전한 식량을 공급하는 지속 가능한 먹거리 시스템을 도입하는 것입니다.**

전 세계 식량 생산과 폐기

매년 1조 달러 상당의 식량이 낭비되고 있습니다.

낭비되는 식량의 25퍼센트만 절약해도 전 세계 8억 7,000만 명의 굶주린 사람들을 충분히 먹여 살릴 수 있습니다.

미국
미국에서만 매년 483억 달러어치의 음식이 버려지고, 전체 손실은 매년 900억에서 1000억 달러에 이릅니다.

유럽
현재 유럽에서 버려지는 음식은 약 670만 톤으로, 이는 2억 명을 먹일 수 있는 양입니다.

아시아
아시아에서는 매년 약 2,300만 톤의 곡물과 1,200만 톤의 과일, 2,100만 톤의 채소가 버려집니다.

라틴아메리카
라틴 아메리카에서 버려지는 음식은 3억 명을 먹일 수 있는 양입니다.

아프리카
아프리카에서는 과일, 채소, 뿌리작물과 같은 일부 작물의 경우 손실이 최대 50퍼센트에 달합니다.

인도
인도에서는 매년 5,800억 루피 (9조 2,500억여 원)의 농산물이 버려지는 것으로 추정됩니다.

호주
호주에서는 매년 약 105억 달러어치의 음식이 버려지고 있으며, 이는 해마다 인당 5,000달러 이상에 해당합니다.

하는 것입니다. 대부분 가축 사료로 사용되고 있는 밀과 옥수수, 곡물과 같은 작물의 단일 재배에 대한 의존도를 낮추고, 가능하면 가까운 곳에서 영양가 있는 채소, 과일, 콩류를 수확하는 데 집중할 필요가 있습니다. 비료와 살충제의 과도한 사용과 잦은 경작은 토양의 생명체를 교란하고 훼손하며 침식을 악화시킵니다. 자연을 크게 훼손하지 않고 그 안에서 꼭 필요한 것만 얻어 내는 영속 농업(permaculture)과 멸종 위기 동물의 종을 방생하거나 황무지를 복원 및 보호하는 '야생 재건', 친환경 농법으로 척박해진 토양을 회복시키고 탄소 배출을 줄이는 '재생 농업'을 실천하고 원칙을 따르는 지속 가능한 유기농법으로 전환하는 것은, 땅을 살려 생산성을 오래도록 유지할 수 있는 농지를 늘리고 점점 늘어나는 인구의 식량 수요에 맞게 영양가 있는 먹거리를 공급하기 위해 꼭 필요합니다.

우리의 역할

토양 보호와 인류를 위한 식량 공급이라는, 언뜻 서로 상충되어 보이는 두 필요 사이에서 우리는 어떻게 균형을 맞출 수 있을까요? 이를 위해 전 세

←

아시아와 아프리카를 중심으로 전 세계 약 6억 9,000만 명이 기아에 시달리고 있습니다. 문제는 전 세계적으로 막대한 음식물 쓰레기가 발생하는 것과 식량의 유통이 제대로 되고 있지 않다는 것입니다. 매년 생산되는 식량의 3분의 1(약 13억 톤)이 버려지거나 낭비되고 있습니다. 그중 약 35퍼센트는 농장에서, 또 약 26퍼센트는 소매 업계에서 손실됩니다.

계 리더와 조직이 창의력을 발휘해야 합니다. 땅을 지키는 동시에 이웃에게 식량을 공급하기 위해 우리는 간단하면서도 실천 가능한 방법을 적용할 수 있습니다.

성경적 관점

그리스도인으로서 우리는 예수님의 제자들을 본받아 아낌없이 베풀어야 합니다. 이는 도움이 필요한 사람에게 음식을 나누어 주거나, 지역사회가 건강한 과일과 채소를 재배하도록 돕는 것일 수 있습니다. 또 땅과 그곳에서 사는 사람들을 잘 돌보는 농장을 지원하는 것일 수도 있습니다. 어떤 의미에서 보면 태초의 에덴동산에서 주어진 책임이 우리 손에 다시 쥐어진 것과 같습니다. 하나님은 우리에게 풍요로운 자연 세계를 운영할 수 있는 실질적인 통찰력을 주셨습니다. 우리는 에덴의 풍요로움과 활력을 영감으로 삼아 지구를 돌볼 수 있습니다.

흙으로 만들어져서 흙을 돌보다

창세기에 따르면, 하나님은 우리를 흙으로 지으시되, 그분의 형상대로 만드셨습니다. 결국 우리는 땅과 하늘에 모두 속해 있는 존재입니다. 인간은 타락 후, 처음으로 흙과 단절된 관계를 경험했습니다(창 3:19). 그러나 하나님은 우리에게 땅을 경작하라고 명령하셨고, 지금도 우리에게는 여전히 땅을 돌볼 책임이 있습니다. 우리의 이기적인 태도와 행동을 회개하고 스스로 겸손해질 때, 하나님은 우리의 기도를 들으시고 땅을 치유하겠다고 약속하십니다(대하 7:14). 지구를 돌볼 때, 우리는 궁극적으로 우리를 위한 하나님의 본래의 뜻에 참여하게 됩니다. 우리는 흙으로 만들어졌지만, 그리스도 예수 안에서 함께 하늘에 앉혀지는 것입니다(엡 2:6). 이 땅에 사는 동안 우리는 완전함에 도달할 수는 없지만, 현재 우리가 처한 환경에서 하나님과 동행하면서 지구를 가꾸는 방법으로 그분께 영광을 돌릴 수 있습니다. "뜻이 하늘에서 이루어진 것 같이 땅에서도 이루어지이다"라고 예수님이 가르쳐 주신 기도처럼 말이에요.

토양을 살리시는 하나님의 계획

자연에서 우리는 죽음이 생명을 낳는 모습을, 즉 썩어 가는 물질로부터 새로운 생명이 시작되는 것을 끊임없이 목격합니다. 생명의 순환은 흙에서 시작되고 흙에서 끝납니다. 우리가 땅의 한계를 무시하고 그 영양분과 생산력을 계속 빼앗으면 전 세계 인류에게 치명적인 결과를 초래할 수 있습니다.

그러나 그리스도인인 우리는 하나님이 구속하심을 압니다. 주님은 "보라 내가 만물을 새롭게 하노라"(계 21:5)라고 말씀하십니다. 하나님은 "만물 곧 땅에 있는 것들이나 하늘에 있는 것들"(골 1:20)을 자신과 화목하게 하셨습니다. 창조 세계와 땅을 포함한 모든 것이 그리스도를 통해 하나님과 화목하게 되었습니다. 토양을 포함한 모든 창조 세계가 구속되고 새로워진다는 복음을 이해하지 못한다면, 이는 하나님의 계획을

> 창조 세계와 땅을 포함한 모든 것이 그리스도를 통해 하나님과 화목하게 되었습니다.

과소평가하는 것입니다. 우리가 성경의 가르침대로 땅을 소중히 여기고, 하나님께서 지구의 모든 무너진 부분을 구속하실 계획을 세우셨다는 것을 깨달을 때, 우리는 하나님과 자연 모두를 더욱 사랑하게 됩니다. 하나님은 선하고 신실하시며, 심지어 흙먼지에도 손길을 내미시는 분입니다.

굶주린 사람들을 먹이는 소명

예수님은 이 땅에 계시는 동안 음식에 대한 사람들의 필요를 중요하게 여기셨습니다. 예수님은 5,000명의 군중을 불쌍히 여기시고 기적을 일으켜 적은 수의 물고기와 빵으로 그들을 먹이셨습니다. 성경은 우리가 세상의 재물을 가지고 형제의 궁핍함을 보고도 도와주지 않는다면 거짓말을 하고 진리를 실천하지 않는 것이라고 말씀합니다(요일 3:17).

하나님은 그분의 백성을 통해 주님의 뜻을 이루시고, 특히 도움이 필요한 사람들을 돌보십니다. 사도행전 11장 29절에서 안디옥에 있던 제자들은 유대에 사는 형제자매들이 기근을 겪을 때 그들을 돕기 위해 식량을 보냈습니다. 우리도 전 세계 사람들이 기근, 식량 부족 또는 자연재해로 인한 식량난에 처할 수 있다는 현실을 직시해야 합니다. 지구를 잘 경작하여 모든 굶주린 이들에게 식량을 나눌 방법을 찾는 것은 우리의 공동 사명입니다.

모두를 위한 지혜

유기농과 로컬의 의미를 알아보세요.

우리는 종종 환경과 사람에게 더 유익한 먹거리를 구매하도록 권유받지만, 무엇을 어떻게 하면 좋을지 몰라 혼란스러울 때가 있습니다. 이때 무엇을 찾아봐야 하는지 알면 큰 도움이 됩니다. 가능하면 로컬 식품이면서 유기농 식품인 것을 구매하되, 재생 농업으로 생산된 농산물을 선택하는 것이 좋습니다.

유기농 식품을 선택해요.

- 유기농 식품으로 인증받으려면 토양 및 수질 보호, 동물 사육 방식, 해충 및 잡초 방제, 화학 첨가물 제한, 항생제 및 성장 호르몬 사용 금지 등의 기준을 포함한 농림축산식품부의 표준을 충족해야 합니다. 유기농 식품을 구매하는 것은 가까운 슈퍼마켓에서 할 수 있는 가장 지속 가능한 선택일 것입니다.[8]

최대한 로컬 식품(지역 내 생산 식품)을 구입해요.

- 지역 마켓에서 농부들이 실천하고 있는 유기농법에 대해 알아보세요. 인증 절차에 드는 비용 때문에 소규모 농부들은 인증을 받지 않은 채로 지속 가능한 농업을 실천하고 있을 수도 있습니다.
- 로컬이 항상 유기농을 의미하는 것은 아니지만(유기농이 항상 로컬이지는 않은 것처럼), 로컬 식품은 먼 거리에서 오는 식품보다 더 신선하고 영양가가 높을 가능성이 큽니다. 지역사회가 지원하는 농업 또는 작물 공유 프로그램에 가입하면 식품 생산자와 연결되어 특정 농장의 수확물을 구매할 수 있습니다.[9]

음식물 쓰레기를 줄여요.

매년 미국인들은 엠파이어스테이트 빌딩 1,000개 분량에 해당하는 약 363억 킬로그램의 음식을 버립니다.[10] 이는 1인당 약 99킬로그램의 음식물 쓰레기를 버리는 것이며, 미국 식량 공급량의 거의 40퍼센트에 달하는 양입니다. 식료품을 구매하고 먹는 습관을 바꾸면, 선물과 같은 음식을 더 잘 관리하고 감사하게 여길 수 있습니다.

유통 기한의 의미를 정확하게 알아요.
- 유통 기한은 식품이 만들어지고 나서 시중에 유통될 수 있는 기간을 말합니다. 유통 기한은 식품을 판매할 수 있는 기한을 나타내는 것이지 그 식품을 먹을 수 있는 기한을 의미하는 것은 아닙니다.[11]

퇴비를 직접 만들어요.
- 퇴비를 정원이나 마당에 뿌리거나 관엽식물을 키우는 데 사용하면 토질이 놀랄 만큼 건강해집니다. 하지만 병든 식물이나 개와 고양이의 배설물, 석탄 또는 숯의 재, 유제품(버터, 우유, 사워크림, 요구르트 등) 및 달걀(달걀 껍데기는 가능), 지방, 끈적한 기름, 돼지기름 또는 오일류, 고기나 생선의 뼈와 부스러기, 검은 호두나무 잎이나 잔가지, 마당을 손질하고 남은 식물 잔해 중 화학 살충제가 사용된 적이 있는 것은 퇴비의 재료로 사용하면 안 됩니다. 퇴비 냄새를 방지하는 한 가지 요령은 퇴비를 봉투에 담아 냉동실에 보관하는 것입니다.

음식을 얼리거나 다양한 용도로 활용해요.
- 고기나 빵과 같은 음식은 상하기 전에 얼려서 나중에 먹을 수 있도록 보관하세요.
- 과일이나 시금치, 케일 등을 얼려서 나중에 스무디를 만들 때 사용하세요. 그 외에도 채수를 우려내거나 주스를 만드는 등 다양하고 창의적인 방법이 있습니다.
- 과일잼 만드는 법, 피클 담그는 법, 채소를 병에 보관하는 법을 배워요.

못난이 농산물을 구매해요.
- 변색되었거나 찍힘이 있거나 모양이 불규칙한 못난이 농산물을 판매하는 곳을 찾아보세요. 슈퍼마켓에서는 아직 먹을 수 있는데도 버리는 경우가 많습니다.[12]

지속 가능한 농업을 실천하는 농장을 후원해요.

토지가 남용되고 침식되면 토양은 생명체에 필요한 성분을 잃게 됩니다. 이를 보완하기 위해 인공 비료를 사용할 수는 있지만, 미생물과 곰팡이를 대체할 수는 없습니다. 회복력 있고 지속 가능한 실천 방법을 도입하여 토지를 재생시키는 농장에서 농산물을 구매하세요.

지속 가능성을 위해 농장에서 일어나는 특별한 여정을 알아봐요.

▶ 모든 농장에 맞는 단일 처방전은 없지만, 각 농장의 위치와 기후에 알맞게 지속 가능한 기술과 재생 실천 방법을 통합할 수는 있습니다.

▶ 재생 농장은 생태계의 자연 순환을 활용하여 건강한(미생물의 활동이 활발한) 토양을 만들고 장기적인 관점에서 생산성을 높여 줍니다.

▶ 주변의 농장을 방문해서 작물 순환의 다양성 확보, 피복 작물 재배, 밭을 갈지 않고 도랑에 씨를 심어 농사짓는 무경간 농법 또는 무경간에 가까운 농법, 축산업 통합, 농림업, 완충지대 설정 등 재생적이고 지속 가능한 실천 방법을 알아보세요.

지역 및 국제기구를 지원해요.

지역사회의 식량 문제에 대해 알아보고, 지역 토지의 생산성을 유지하면서 영양가 있는 식량을 확보하는 데 도움을 줄 수 있는 방법을 찾아보세요.

교회에서 음식 자선 활동에 자원하거나 직접 시작해요.

▶ 교회는 종종 무료 급식소나 먹거리를 기부 받아 소외계층에 나누는 푸드 뱅크[13] 같은 프로그램을 운영 및 지원합니다. 이런 행사에 자원봉사자로 참여하거나 직접 시작하세요.[14]

이웃과 함께 텃밭을 가꿔요.

▶ 이웃에게 연락해 함께 식량을 재배하는 데 관심이 있는지 알아보고 가능한 한 다양한

재능을 지닌 사람들(식물이나 정원 가꾸기를 좋아하고 잘하는 사람, 목수 등)과 함께 작은 모임을 시작하세요. 이는 공동체를 세우는 좋은 기회가 됩니다.
- 부지를 결정하세요. 이웃의 땅이 아니라면, 토지 소유주와 임대차 계약서나 보험 증권을 작성해야 할 수도 있습니다.
- 여러분이 사는 지역에서 잘 자라는 작물을 조사하고 텃밭을 설계하세요. 수확한 농산물을 이웃과 나누거나 일부를 푸드 뱅크에 기부하세요.

구호 단체를 후원해요.
- Growing Hope Globally는 세계 기아를 종식하기 위해 교회 및 지역사회와 함께 식량 불안정 문제를 해결하는 일을 하는 신앙 기반 비영리단체입니다.
- Echo: Hope Against Hunger는 소규모 농부와 그 가족에게 지속 가능한 농업 실천 방법을 가르쳐 준비시키는 일을 하는 신앙 기반의 단체입니다.

패스트 패션 대신 지속 가능한 패션을 선택해요.
옷을 구매할 때 농장을 떠올리기란 쉽지 않지만, 직물에는 면화, 아마, 대마와 같은 농산물이 포함되어 있습니다. 이러한 섬유 원료를 생산하려면 토지와 천연자원, 노동력이 필요합니다.

패스트 패션 폐기물 문제에 경각심을 가져요.
- 2018년 미국에서는 의류와 신발의 섬유 약 1만 3,000톤이 생산되었고, 그 중 9,000톤 이상이 매립되었습니다.[15]
- 패스트 패션을 위해 과도한 비료가 사용되고, 생산 과정에서 사용된 화학물질은 강과 하천을 오염시킵니다. 또 직물을 염색하고 마감할 때도 화학물질이 사용됩니다.
- 티셔츠 한 장을 만드는 데 약 2,650리터의 물이 사용되며, 이는 한 사람이 하루에 8잔씩 3.5년 동안 마실 수 있는 물의 양과 맞먹습니다.
- 패스트 패션은 과거에도 열악한 노동 환경과 아동 노동으로 인한 인권 침해 문제가 드러난 적이 있습니다.

지속 가능한 패션을 염두에 두고 쇼핑해요.
- 지속 가능하며 윤리적인 방식을 따르는 기업을 알기 위해 Fair Wear Foundation, Fair Trade Certified, Ethical Trading Initiative, Certified B Corporation 같은 인증 라벨을 찾아보세요.
- 새 옷은 항상 세탁해서 입고 화학물질 함량 인증 라벨(OEKO-TEX, GOTS, BLUESIGN)이 부착된 옷인지 확인하세요.
- 중고품 가게나 위탁 판매 매장에서 중고 의류를 구매하세요.

CHAPTER 7

작지만 위대한 일꾼들,
꽃가루 매개자

이 요한은 낙타털 옷을 입고 허리에 가죽 띠를 띠고 음식은 메뚜기와 석청이었더라
_ 마태복음 3:4

여러분은 한 스푼의 꿀을 사용할 때 꿀벌을 떠올리시나요? 샐러드에 아몬드를 넣거나 토스트에 아보카도를 올릴 때는 어떤가요? 전 세계 농작물의 3분의 2 이상이 꽃가루 매개 곤충에 의존하는 만큼 이들은 우리 삶에 필수적인 존재입니다.[1] 우리는 감자와 당근, 피망, 호박, 아보카도, 사과, 블루베리, 레몬 등을 먹을 때마다 꽃가루 매개 곤충들에게 감사해야 합니다. 꽃가루받이를 통해 생산된 과일과 씨앗은 물론 곤충 자체도 다른 동물의 먹거리에서 상당 부분을 차지하므로, 이러한 곤충이 없다면 생태계 전반의 먹이그물은 무너질 것입니다.

> 꽃가루 매개자가 없다면 우리는 지구를 아름답게 하는 다양한 꽃을 볼 수 없을 것입니다.

꽃 피는 식물의 약 80퍼센트는 곤충과 다른 동물에게 꽃가루받이를 의존합니다.[2] 꽃가루 매개자가 없다면 우리는 지구를 아름답게 하는 다양한 꽃을 볼 수 없을 것입니다. 식물과 곤충 사이의 이 복잡한 공생 작용이 없다면 우리가 세상에서 얼마나 많은 경이로움을 잃게 될지

생각해 보세요. 안타깝게도 서식지 파괴, 살충제 사용, 질병의 유입 때문에 꽃가루 매개 곤충이 심각하게 줄어들고 있으며, 이를 회복하기 위해서는 우리의 도움이 필요합니다.

사라져 가는 곤충들

곤충 개체수의 지속적인 감소는 과학계에 경종을 울리며 꽃가루 매개 곤충 종의 보호와 회복을 촉구하고 있습니다. 독일에서는 1989년부터 2016년 사이에 자연 보호 구역을 날아다니는 곤충 종이 약 75퍼센트 감소했다고 합니다.[3] 곤충 종의 40퍼센트 이상이 멸종 위기 상태에 처해 있습니다.[4] 곤충을 잃게 되면 전 세계 농작물의 황폐화와 생태계 붕괴가 뒤따라 일어날 것입니다. '곤충 종말'에 대한 우려가 커지고 있습니다. 그러나 자연계의 많은 일이 그렇듯이 미래 전망이 항상 명확한 것은 아닙니다.

과학자들은 곤충의 전 세계적 변화를 예측하기 위해서 먼저 소수의 지역에서 데이터를 수집한 다음, 해당 통계를 다른 지역에 적용하거나 반영하는 모델을 사용합니다. 이 경우 실제 수치가 지나치게 단순화될 수 있는데, 그 이유는 한 지역이 다른 모든 지역을 대표하지는 못하기 때문입니다.

또한, 곤충 개체수는 시공간에 따라 크게 변하므로 장기적인 추세를 파악하기가 어렵습니다. 특히 육지에 서식하는 곤충은 10년마다 개체수가 급격하게 감소하고 있으며, 이는 전 세계적인 문제가 되고 있습니다. 소중한 곤충을 보호하고 지원하기 위해 우리가 나서야 할 때입니다.

꿀벌

매년 봄이면 대형 트럭이 줄지어 캘리포니아 농장으로 이동합니다. 약 100만 개의 벌집을 아몬드 과수원으로 운반하는 것입니다. 이는 꿀벌을 농작물의 꽃가루받이에 활용하는 세계 최대 규모의 인위적인 작업입니다. 이런 인위적인 꽃가루받이 작업을 하게 된 이유는 미국 전역의 자연적 꿀벌 군집이 파괴되었기 때문입니다.

전 세계적으로 꿀벌의 종류는 2만 종으로 추정되며, 미국과 캐나다에만 약 3,600종이 서식하고 있습니다. 그러나 북미 전역에서 호박벌과 꿀벌 종의 수가 급감하고 녹슨패치호박벌은 그 수가 위험할 정도로 감소하면서

꽃가루받이란 무엇인가요?

꽃가루받이란, 꽃가루가 수술의 꽃밥에서 암술머리로 옮겨 가 수정이 되어 과일과 종자 생산을 이루는 과정을 의미합니다. 수술은 꽃가루를 생산하는 부분이고 암술은 꽃의 밑씨를 생산하고 종자가 발아하는 부분입니다. 자신의 몸체 안에서 꽃가루받이가 일어나면 자가수분(제꽃가루받이)이라고 하고, 다른 식물을 만나 수분하면 타가수분(딴꽃가루받이)이라고 합니다. 곤충과 새, 박쥐는 모두 꽃가루를 옮기는 데 중요한 역할을 하지만, 가장 활발하게 식물과 필수적인 상호 의존 관계를 맺고 있는 것은 곤충입니다. 꽃은 선명한 색상과 달콤한 향이 나는 꿀로 곤충을 유혹할 뿐만 아니라, 구조적으로도 곤충의 입에 맞춰져 있습니다. 일부 곤충은 꽃가루나 꿀에 접근할 수 있는 길고 말린 '혀'와 같은 특별한 관 모양의 도구가 있어 꽃의 깊숙한 곳에 있는 꿀에 닿을 수 있습니다. 호주의 푸른띠토종벌과 많은 어리호박벌, 땅벌은 날개의 윙윙거리는 진동으로 꽃가루를 날려 보냅니다. 이 흥미로운 꽃가루받이 방법을 "버즈 꽃가루받이"라고 부릅니다.

멸종위기종 목록에 올랐습니다. 미국의 꿀벌 군집은 60년 동안 350만 마리까지 감소했습니다(1947년에는 600만 마리로 최고치를 기록했습니다).[5] 비교적 사람들의 주목을 덜 받는 야생 꿀벌은 훨씬 더 심각한 멸종 위기에 처해 있으며, 지난 세기 동안 중서부 지역에서 토종 꿀벌 종의 절반 이상이 사라졌습니다.[6]

나비와 나방

나비와 나방도 개체수가 급격히 줄어들고 있습니다. 북미의 상징적인 나비인 제왕나비는 주택가 주변에서 흔히 볼 수 있었지만 이제는 그 화려한 주황색 날개를 거의 볼 수 없게 되었습니다. 미국 동부에서 제왕나비는 심각한 위기에 처해 있으며, 서부에서는 멸종 위기에 처한 상태입니다.[7] 이를 보호하기 위해 미국에서 멕시코까지 4,800킬로미터에 달하는 제왕나비의 이동 경로를 따라 먹이와 쉼터가 있는 중간 기착지인 '모나크 웨이 스테이션'을 건설하는 활동이 진행 중입니다.

박쥐

박쥐는 열대 및 사막지대에서 중요한 야행성 꽃가루 매개 동물입니다. 꽃에서 먹이를 얻고 꽃가루받이를 돕는 대부분의 박쥐는 아프리카와 동남아시아, 태평양 섬에 서식합니다. 망고와 바나나, 구아바 등 300여 종의 과일이 박쥐의 꽃가루받이에 의존하고 있습니다.[8] 그러나 북미에서 수백만 마리의 모기를 잡아먹는 일부 박쥐 종들이 흰코증후군이라는 곰팡이 병으로 인해 전멸되고 있습니다.

꽃가루 매개자의 중요성

꽃가루 매개자는 누구?
곤충(개미, 벌, 나비, 파리 등)과 동물(새, 박쥐, 파충류, 다람쥐, 설치류, 원숭이 등), 심지어 사람도 포함됩니다.

다른 수분 방법은?
바람이 종종 꽃가루를 옮기고 일부 꽃은 자가수분합니다.

대표적인 꽃가루 매개자는?
꿀벌입니다. 꿀벌의 수분 성공률을 분석한 통계에 따르면 꿀벌의 수분 성공률이 1위이며, 2010년에는 190억 달러 규모의 농작물 수분에 큰 역할을 했습니다.

꽃가루 매개자가 중요한 이유는?
우리 식량 자원의 절반 이상을 수분 매개자에게 의존하고 있기 때문입니다.

수분에 의존하는 먹거리는?
과일과 채소(사과, 토마토 등), 견과류 및 씨앗(아몬드, 참깨 등), 향신료와 조미료(아니스, 바닐라), 유제품(젖소는 수분된 알팔파 사료를 주로 먹습니다.), 커피와 초콜릿 등 대부분의 먹거리입니다.

꽃가루 매개자에 의존하는 식물은?
꽃을 피우는 식물의 75퍼센트 이상이 번식을 위해 수분 매개자에 의존합니다.

수분이 이루어지는 과정은?
곤충과 동물은 꽃가루를 수꽃에서 암꽃으로(수술에서 암술로) 옮겨 식물의 번식이 가능하게 합니다.

우리의 역할

오늘날 곤충과 꽃가루 매개자들의 수가 확연하게 줄어들고 있지만, 이들의 개체수를 회복하기 위해 우리가 할 수 있는 일이 많습니다. 꽃가루 매개자인 나비와 박쥐, 꿀벌은 모두 생태계에서 중요한 역할을 하므로 우리의 지원과 보호가 필요합니다. 이들은 딱정벌레나 말벌, 장수풍뎅이, 개똥벌레 등 야생에서 심각하게 줄어들고 있는 수백만 마리의 다른 곤충을 대표합니다. 안타깝게도 이러한 곤충들은 인간의 행동과 무관심으로 고통받고 있습니다. 과도한 살충제 사용과 옥수수, 콩 같은 단일 재배 작물의 증가, 도시화, 서식지 파괴 등이 주요 원인입니다.[9] 농작물과 야생동물 서식지를 보존하기 위해 우리는 곤충 개체수와 다양성의 변화 추이를 연구하는 활동을 지원해야 합니다. 또한 곤충의 미래와 우리의 식량 공급, 지구에서 계속 살아갈 꽃과 초원 같은 생명을 보호하기 위해 함께 노력해야 합니다.

←

꽃가루받이는 우리의 생존을 위해 매우 중요합니다. 전체 식물의 약 85퍼센트(미국 내 150개 이상의 식량 작물)가 씨앗 생산을 꽃가루 매개자에게 의존합니다.[10] 이렇게 생산된 식물의 씨앗은 다시 다음 세대의 꽃가루 매개자와 다른 생명체에게 식량을 공급합니다. 제자리에 뿌리를 내리고 있는 식물을 위해 꽃가루 매개자는 식물의 꽃가루를 옮겨 주는 중개자 역할을 합니다.

성경적 관점

하나님의 성품은 자연을 통해 드러납니다. 누가복음 12장 27-28에서 예수님은 "백합화를 생각하여 보라 실도 만들지 않고 짜지도 아니하느니라 … 들풀도 하나님이 이렇게 입히시거든"이라고 말씀하셨습니다. 하나님이 꽃을 자라게 하시고 들판의 풀을 입히기 위해 꽃가루 매개자를 쓰신다는 것을 생각해 본 적이 있나요? 그분은 창조적이고 실제적인 방법으로 우리가 사랑하는 꽃을 꽃가루받이하도록, 우리가 먹는 작물을 키우도록 곤충을 사용하십니다. 이와 마찬가지로 하나님은 우리에게 필요한 것을 주실 때도 실제적이고 풍성하시며 우리가 마땅히 신뢰할 수 있는 방법을 사용하십니다.

> 하나님은 우리에게 필요한 것을 주실 때도 실제적이고 풍성하시며 우리가 마땅히 신뢰할 수 있는 방법을 사용하시는 분입니다.

곤충에게 배우는 삶의 지혜

곤충은 우리에게 중요한 것을 가르쳐 줍니다. 이사야 40장 22절은 "그는 땅 위 궁창에 앉으시나니 땅에 사는 사람들은 메뚜기 같으니라"라고 말씀합니다. 누가복음에서 우리를 꽃에 비유한 것처럼, 여기서 우리는 메뚜기에 비유됩니다. 우리는 이 세상에 잠시 있다가 사라지고, 우리 몸은 흙으로 돌아갑니다. 메뚜기처럼 우리 삶은 짧고 덧없지만, 이와 대조적으로 하나님은 어느 시대에나 변함없이 존재하십니다.

인생이 정말 짧다는 현실을 마주할 때 우리는 어떻게 반응해야 할까요? 우리는 이런 생각에 압도되거나 좌절하기도 하고, 아니면 아예 생각조차 하지 않으려 하기도 합니다. 인생의 덧없음에 대한 건강한 인식은 "우리에게 우리 날 계수함을 가르치사 지혜로운 마음을 얻게"(시 90:12) 해줍니다. 이 진리는 우리 각자가 하나님과 연결된 삶을 살도록 하며, 우리에게 영생을 주시는 그분의 영원한 목적을 깨닫게 합니다. 이 땅에 머무는 기간이 얼마나 되든 우리는 의도적으로 하나님의 일을 하는 데 집중할 수 있습니다. 에베소서 2장 10절에서는 "우리는 그가 만드신 바라 그리스도 예수 안에서 선한 일을 위하여 지으심을 받은 자니 이 일은 하나님이 전에 예비하사 우리로 그 가운데서 행하게 하려 하심이니라"라고 말씀합니다. 이 선한 일에는 우리가 창조 세계를 돌보는 행동이 포함됩니다.

곤충에게 배우는 회복력

지구상의 곤충이 수십억 마리씩 사라지고 있습니다. 다른 동물에게 잡아먹히고, 기후 변화로 죽고, 예고 없이 쉽게 밟혀 죽습니다. 하지만 곤충은 공동체를 이루며 놀라운 속도로 번식하고, 공격과 파괴에서 빠르게 회복합니다. 비록 곤충의 수명은 길지 않지만 그들의 환희에 찬 울음소리와 끊임없는 활동은 찬양처럼 지속됩니다.

"또 수고하여 친히 손으로 일을 하며 모욕을 당한즉 축복하고 박해를 받은즉 참고 비방을 받은즉 권면하니 우리가 지금까지 세상의 더러운 것과 만물의 찌꺼기 같이 되었도다"(고전 4:12-13). 바울은 사도들에게 이런 식으로 사는 것이 어떤 것인지 설명했습니다. 하나님의 백성은 이와 같습니다. 짓밟히고, 위협받고, 저주받고, 무시당할 때, 우리는 오히려 넘쳐나는 생명력으로 믿는 자들이 더해지고, 그들의 믿음이 성장하는 것을 보며 다시 회복됩니다. 우리는 이 지구적 위기 앞에서 무관심이 아닌 사랑으로 반응하는 쪽을 택할 수 있습니다.

믿음을 실천하며 살아간다면 우리 삶에는 어떤 변화가 일어날까요?

믿음을 실천하며 살아간다면 우리 삶에는 어떤 변화가 일어날까요? 우리에게 내일이 없을지도 모른다는 것을 안다면, 오늘 무엇을 하며 거룩하게 살아가야 할까요? 얼마 남지 않은 시간 동안 우리에게 돌보라고 주신 이 땅과 사람들을 어떻게 대해야 할까요?

모두를 위한 지혜

꽃가루 매개자에게 친화적인 방법으로 잔디를 관리해요.

일부 잔디 관리법은 의도치 않게 꽃가루 매개자를 해치거나 죽일 수 있습니다. 정원이나 잔디밭에서 꽃가루 매개자들의 건강에 해로운 행동을 중단하고 이로운 방식을 도입하세요.

꽃가루 매개자에게 친화적인 잔디 깎기 일정을 짜요.

- 잔디 깎는 횟수를 2주에 한 번으로 줄이세요. 일주일에 한 번 잔디를 깎는 잔디밭보다 격주로 잔디를 깎는 잔디밭에 30퍼센트나 더 많은 꿀벌이 찾아옵니다. 이 방법은 꿀벌 개체수 보존에 가장 효과적인 방법으로 입증되었습니다.[11]
- 2주에 한 번씩 잔디를 깎으면 클로버와 민들레가 자라서 지역 꿀벌들이 먹이를 찾을 수 있는 서식지가 생깁니다.

야생의 매력을 만끽해요.

- 마당에 야생화 들판을 조성하면 나비와 벌, 새가 날아들어 꽃가루받이를 돕는 아름다운 장면을 볼 수 있을 것입니다.
- 마당에 식용 식물을 키우면 꽃가루 매개자가 와서 여러분의 가정에 영양가 있는 먹거리를 제공하기도 합니다. 지역에 따라 추천할 만한 식물은 호박과 바질, 녹두, 라벤더, 사과나무, 무, 해바라기 등이 있습니다.

잔해물을 남겨 둬요.

- 나뭇가지와 낙엽, 오래된 나무의 더미는 곤충들의 이상적인 서식지가 됩니다. 적은 양의 더미를 남겨 놓는 것도 꽃가루 매개자들에게는 친절한 행동이 됩니다.

꽃가루 매개자를 위한 정원을 가꿔요.

꽃가루 매개자에게 친근한 정원을 가꾸는 것은 꽃가루 매개자를 구하는 좋은 방법입니다. 교회나 이웃과 함께 정원을 가꾸는 것은 지역사회를 섬기는 좋은 방법이 됩니다. 더불어 정원의 잡초를 제거하고 유지 및 관리하는 데 도움을 줄 자원봉사자를 조직할 수도 있습니다.

꽃가루 매개자를 위한 정원을 가꾸는 방법이 있습니다.
- 꽃가루 매개자를 위한 정원에는 토종 식물이 있어야 최상의 결과를 얻을 수 있습니다. 지역마다 특정 식물에 알맞은 특정 환경이 있습니다. 우리 지역에 살고 있는 곤충(및 기타 동물)은 그 지역에서 자라며 적응한 식물과 훨씬 더 잘 어우러져 살아갑니다.
- 이른 봄부터 늦가을까지 꽃을 피우는 식물을 다양하게 선택하세요. 박쥐와 나방을 위해 밤에 피는 꽃도 포함해 주세요.
- 매년 다시 자라며 관리가 덜 필요한 다년생 식물을 먼저 고르세요.
- 햇빛이 충분히 비치는 공간과 부분적으로 비치는 공간에 맞는 식물을 선택하세요.
- 천연 재료로 만든 영양이 풍부한 퇴비를 사용하세요.
- 꿀벌이 특히 좋아하는 일반적인 꽃가루 매개 식물이 여러분의 거주 지역에 적합한지 확인하세요.

합성물질 사용을 줄이거나 멈춰요.

살충제 및 제초제는 환경에 유독하며, 일부는 인간에게 암을 유발하는 것으로 알려져 있습니다. 살충제에 대체하여 사용할 수 있는 특정 해충이나 잡초를 방제하는 방법에 대한 구체적인 지침을 확인하세요.

창의적인 대안이 더 있습니다.
- 무독성 살충제로 님오일과 규조토가 있습니다. 유익한 곤충도 죽일 수 있으므로 신중하게 사용하세요.

- 식물에서 발견되는 무당벌레와 토양에 사는 선충(200여 종의 해충을 잡아먹는)과 같은 천적도 유용합니다. 민트, 로즈마리, 타임, 금잔화 등과 같이 천적을 불러 모으는 식물(유용한 벌레를 유인하는 식물)을 심으세요.
- 원치 않는 벌레를 없애려면 둥지 상자를 만들고 새 모이통을 넣어 주어 새와 같이 벌레를 먹는 다른 야생동물들이 올 수 있게 하세요.
- 뿌리 덮개를 덮어 주는 것은 잡초를 예방하는 친환경적인 방법이지만, 뿌리 덮개에 제초제가 포함되어 있지는 않은지 꼭 확인하세요.

환경 보호 단체를 지원하고 자원봉사 활동에 참여해요.

꽃가루 매개자를 돕는 비영리단체를 찾아보세요.
- 꽃가루 매개자를 지원하는 방법으로 자연보호협회, 국제 박쥐 보전 협회, Xerces를 찾아보세요.

시민 과학 프로젝트에 참여하세요.
- 여러분이 사는 지역에 있는 곤충의 개체수를 세고 모니터링을 하며, 현재 진행 중인 프로젝트에 데이터를 보고할 수 있습니다. 시민 과학자 여러분, 이것은 정말 멋진 일입니다.[12]

CHAPTER 8

자연이 만든 생명의 요람,
습지

이 강물이 이르는 곳마다 번성하는 모든 생물이 살고 …
이 강이 이르는 각처에 모든 것이 살 것이며
_ 에스겔 47:9

여러분은 얕은 웅덩이 사이의 키 큰 풀숲에서 잠수하는 제비와 윙윙거리는 곤충들을 본 적이 있나요? 그런 경험이 있다면, 아마 습지 근처에서였을 것입니다.

습지는 다른 생태계와 경계를 이루면서 그 생태계를 보호하는 지지대가 됩니다. 즉, 습지는 육지와 수중 세계 사이의 '전이대'(두 개의 서로 다른 서식처가 인접해 있는 곳)로서 습지와 접해 있는 모든 서식지의 생명 유지에 필수적인 역할을 합니다. 또한, 습지는 위험한 독소를 걸러내고 저장함으로써 상수도 오염을 막아 줍니다. 폭풍우로 인한 피해를 줄이고, 홍수가 발생할 경우 물을 흡수하는 천연 방어벽 역할도 합니다. 습지 식물의 뿌리는 지구의 토양 구조를 강화하여 침식을 막습니다. 여러분은 습지가 이렇게나 특별한 곳이라는 것을 알고 있었나요?

습지는 스스로 독소를 걸러내고 저장하여 상수도가 오염되는 것을 막습니다.

> ### 습지란 무엇인가요?
>
> 습지는 계절에 따라, 또는 연중 내내 물에 잠겨 있거나 흠뻑 젖어 있는 지역을 말합니다. 습지에는 물이 많은 환경에 적응한 식물이 살고 있습니다. 습지의 위치에 따라 물은 짠물, 담수 또는 그 중간 정도일 수 있습니다. 해안 가까운 곳의 습지는 대부분 염분이 많고 부분적으로 밀폐된 수역으로, 강물이 바다로 흘러가는 어귀를 둘러싸고 있어서 기수(담수와 짠물이 섞인 물)를 형성합니다. 내륙 습지는 일반적으로 담수이며 호수, 연못, 하천 근처에 자리 잡고 있습니다. 또 습지는 대초원에서도 나타나는데 지하수가 지표로 솟아오르는 지역에서 생겨날 수 있습니다.

많은 종의 생물이 습지에 의지하여 살아가고 있습니다. 어패류는 알을 낳거나 새끼를 키우고, 쉼터와 먹이를 얻는 장소로 습지를 이용합니다. 철새들은 긴 여정 동안 습지를 중간 기착지로 삼고 찾아와 머뭅니다. 미국 대륙에서 습지는 육지 면적의 약 5퍼센트에 불과하지만, 북미 조류의 거의 절반이 습지에서 먹이를 먹거나 둥지를 틀고 있으며, 멸종 위기에 처한 종의 3분의 1이 습지에서 살고 있습니다.[1]

습지는 유해성 적조 발생을 방지하는 데도 중요한 역할을 합니다. 유해성 적조는 수역에 영양분이 너무 많을 때 발생합니다. 부영양화(조류의 광합성량 증가로 성장과 번식이 빠르게 증대되는 것)로 인한 조류의 과도한 번식은 물속의 산소를 많이 흡수하고, 그 결과 물 속 산소가 부족해져 물고기의 대규모 폐사로 이어집니다. 일부 조류는 인간에게 유독한데, 특히 해안가나 심지어 우주에서도 관측할 수 있는 붉은색의 적조가 그렇습니다. 습지는 비료 유출 등으로 인한 과도한 영양분을 흡수해 강과 호수, 강과 바다가 만나는 어귀에서 해로운 조류가 번식하는 것을 억제하는 역할을 합니다.

　습지에는 소택지, 늪, 이탄습지라는 세 가지 주요 유형이 있습니다. 소택지는 항상 물에 잠겨 있거나 젖어 있는 상태의 땅으로, 수위가 오르내리는 물에 잠긴 숲과 같습니다. 편백나무, 버드나무, 맹그로브는 소택지에서 흔히 볼 수 있는 나무입니다. 열대 해안 지역에 있는 맹그로브의 으리으리한 뿌리 시스템은 게와 소라, 새우, 심지어 물개에게까지 은신처를 제공합니다. 늪은 풀과 관목이 주를 이루며, 진흙과 초목 속에 있는 수많은 게와 곤충을 먹고 사는 붉은 날개 딱새, 대백로, 제비 떼 같은 많은 새들이 좋아하는 곳입니다. 이탄습지는 캐나다, 러시아, 심지어 북극과 같이 위도가 높은 추운 기후에서 발견되며, 잎과 뿌리, 줄기가 모인 잔해, 지표면을 덮으며 자라는 이끼와 야생화 헤더로 채워진 호수처럼 보입니다. 이탄습지는 주로 작은 무척추동물을 유인하고 가두어 소화하는 투구꽃이나 통발 같은 괴상한 육식성 식물의 서식지이지만, 크랜베리와 같은 식물도 자라고 있습니다.

→

맹그로브는 수천 종의 생물에게 서식지를 제공하고, 해안선을 안정시키며, 침식을 방지합니다. 또한 이산화탄소를 포함한 오염 물질을 걸러 내고, 파도와 폭풍으로부터 육지를 보호하면서 해안 지대를 건강하게 유지합니다. 맹그로브는 바닷물에서 최대 90퍼센트의 염분을 걸러 내고 분비샘과 잎을 통해 또는 나무껍질을 벗겨 내서 염분을 배출합니다. 습지에서 맹그로브가 파괴되면 해안 피해로 이어지고, 대량의 이산화탄소가 대기 중으로 방출되면서 홍수가 자주 발생하게 됩니다.

맹그로브 생태계

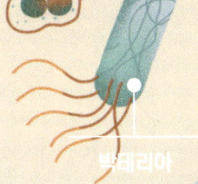
박테리아

큰청왜가리

흰 따오기

악어

따개비

맹그로브 게

잔디새우

주황색 해면

도미

커먼 스눅

소라게

불가사리

사라져 가는 습지

  습지는 지구상에서 가장 과소평가된 생태계로, 숲보다 세 배나 빠르게 사라지고 있습니다.[2] 습지는 서식지 간의 연결 고리로서 습지와 맞닿아 있는 각 생태계를 지지하고 이롭게 합니다. 1970년부터 2015년까지 전 세계적으로 습지의 약 35퍼센트가 사라졌으며, 2000년 이후 해마다 파괴되는 속도가 가속화되고 있습니다.[3] 보호와 복원을 위해 노력하고 있지만, 그 속도를 따라잡으려면 더 많은 노력이 필요합니다.

  우리는 이미 전체 습지의 절반 이상을 잃었습니다. 오랫동안 습지는 쓸모없는 땅으로 여겨져 왔습니다. 그래서 사람들은 습지를 메워 농지를 만들고, 습지의 물을 빼서 샌프란시스코와 워싱턴 DC, 세인트루이스와 같은 도시를 건설했습니다. 인구가 증가하고 도시화되면서, 특히 해안 지역과 강 삼각주에 있는 습지가 농경지와 도시로 전환되는 등 수많은 습지가 손실되었습니다. 현재 습지는 배수나 오염 물질, 외래종, 잘못 관리된 댐, 상류 침식, 탈삼림화로 인한 토사 유출 등으로 위협받고 있습니다.[4]

  미국 하위 48개 주의 해안에서는 매년 324제곱킬로미터의 습지가 사라지고 있습니다. 이는 한 시간에 약 일곱 개의 축구장 면적에 해당하는 습지가 사라지는 것과 같습니다.[5] 해안에서 습지가 손실되는 주된 원인은 개발입니다. 미국 인구의 거의 절반이 해안에 거주하고 있기 때문입니다. 이러한 습지의 손실은 지속 가능한 어업, 멸종위기종 보호, 깨끗한 물 공급, 폭풍, 홍수 및 조수로부터 해안선을 보호하는 일을 어렵게 합니다. 습지가 사라지면 해안 지역은 2005년에 미국 역사상 가장 큰 피해를 준 허리

케인 카트리나와 같은 강력한 폭풍에 더욱 취약해질 것입니다.[6]

습지로 해결하는 환경 문제

앞에서 살펴본 인도의 복잡한 물 문제, 즉 몬순 기간에는 홍수가 나고, 가뭄에는 우물이 말라 버리는 문제를 기억하시나요? 습지를 복원하고 조성하는 것은 지역사회에 유용한 전략 중 하나입니다. 개발 과정에서 콘크리트와 기타 단단한 표면으로 도로 부설 작업을 하는 것은 빗물이 땅에 스며드는 것을 막아서 홍수를 악화시킵니다. 반면 습지는 물을 흡수하고 대수층의 지하수를 다시 채우는 데 도움을 주어 건기 동안 사용할 물을 확보합니다.

습지가 지구와 인간을 보호하며 제공하는 미묘하지만 강력한 기능을 깨달은 사람들은 습지를 위한 보호 조치를 마련하고 많은 지역을 복원하기 시작했습니다. 람사르협약은 전 세계 주요 습지를 보호하기 위한 국제 협약입니다. 이는 각국이 습지와 습지 자원을 보호하고 현명하게 관리할 수 있는 틀을 제공하지만, 이를 실현하는 것은 여전히 쉽지 않은 과제입니다.

그렇기에 습지를 지속적으로 보호하고 복원하는 것이 매우 중요합니다. 갈수록 심해지는 홍수, 폭풍으로 인한 피해, 위험한 조류, 어족의 감소, 수원을 오염시키는 독소 문제는 습지 보호에 달려 있습니다. 습지는 분주한 도시와 교외의 삶에 카약이나 낚시, 조류 관찰과 같은 여가 활동과 더불어 자연의 아름다움과 평온함을 한층 더해 줍니다. 그러므로 습지는 점점 더 우리의 도시, 이웃, 공공 토지에서 소중한 부분이 되어야 합니다.

이것이 물 부족과 수질오염, 멸종위기종에 이르기까지, 전 세계의 다양한 환경 문제를 해결할 수 있는 친환경적 방법입니다.

우리의 역할

우리는 기술을 기반으로 한 접근 방식과 생태를 기반으로 한 접근 방식을 결합하여 자연과 공존할 수 있는 가장 적절한 방법을 찾아야 합니다. 해안에 콘크리트 방파제 같은 생태적으로 해로운 구조물을 건설하는 대신 습지를 조성하여 폭풍우 피해를 줄이고 홍수를 예방할 수 있습니다. 우리는 해안을 지키기 위해 습지와 다른 자연 요소를 통합하여 생태 기반의 '살아 있는 해안선' 전략을 개발하고 있습니다.

지구를 구하려는 인간의 소망에는 거룩한 영적 원리가 있습니다. 신음하는 창조 세계를 향한 무관심에 굴복하지 않는 것은 거룩한 일이며, 이것은 궁극적인 회복을 바라는 영원한 하늘 소망과 닿아 있습니다. 하지만 우리의 노력이 우리만의 노력으로 끝나지 않도록, 우리가 인간의 독창성과 기술 발전에만 의존하지 않도록 노력해야 할 것입니다. (물론 인간적인 노력 또한 환경 문제 해결에 중요한 부분입니다.) 세상을 구하고자 하는 열망은 하나님의 마음에서 비롯된 것이며, 그분은 무너진 것을 회복하기 위해 우리가 노력하기를 바라십니다. 습지에서 얻은 지혜로 지구를 바라본다면, 인간과 야생의 생물 모두를 위해 우리 주변 공동체를 건강하게 유지하고 지키는 방법을 먼저 고민하게 될 것입니다.

성경적 관점

성경은 우리에게 습지를 돌보고 관리하는 지혜를 줍니다. 성경은 우리에게 삶과 세상의 복잡한 문제를 다루는 지혜를 제공하며, 여기에는 우리 삶의 많은 실제적인 결정과 환경에 대한 선택도 포함됩니다. 땅과 하늘과 바람과 공기, 물, 생명을 돌볼 때 우리는 각각의 고유한 시간과 장소, 상황에 맞는 최적의 방법을 찾아야 합니다.

하나님의 지혜로운 설계

'습지가 지구를 돌보는 일' 하면 가장 먼저 떠오르는 주제는 아니지만, 지혜로우신 하나님은 종종 세상이 하찮다고 여기는 것들(어부였던 제자들처럼)을 그분의 위대한 계획에 사용하십니다. 세상을 창조하실 때 나타난 하나님의 지혜에 대해 시편 104편 24절은 "여호와여 주께서 하신 일이 어찌 그리 많은지요 주께서 지혜로 그들을 다 지으셨으니 주께서 지으신 것들이 땅에 가득하니이다"라고 노래합니다. 하나님은 지혜와 명철로 땅에 터를 놓으셨습니다(잠 3:19).

하나님은 생태계를 통해 독소와 염분을 흡수하고 생명이 지속될 수 있는 환경을 창조하셨습니다. 하나님이 쓸모없어 보이는 장소를 사용하신

> 하나님은 그분의 창조 세계와 우리가 처한 상황을 통해 언제나 놀라운 일을 행하고 계십니다.

다는 사실은 그리스도인에게 그리 놀랄 일이 아닙니다. 하나님은 그분의 창조 세계와 우리가 처한 상황을 통해 언제나 놀라운 일을 행하고 계십니다. 하나님은 사람들이 예상치 못한 것들을 들어 사용하시곤 합니다. 그렇기에 우리가 방금 배운 것처럼 습지와 같은 곳은 우리가 알아차리지 못할 때에도 우리를 보호하며 수많은 생물의 필요를 채워 줍니다.

상생하는 자연의 지혜

환경 문제를 해결하고자 지혜를 찾을 때, 우리는 평화로운 방법으로 공동의 번영을 이룰 수 있는 해결책을 추구해야 합니다. 지혜는 여러 측면과 관점에서 다양한 방안을 살펴보고, 관련된 각 부분과 사람 모두에게 이로운 해결책을 줍니다.

예를 들어, 도시에는 주택 및 비즈니스 개발도 필요하지만, 사람들에게는 폭우를 견디게 해주고 폭염에도 수원을 제공하는 깨끗한 공기와 물, 땅이 필요합니다. 현명한 계획이란 이러한 모든 필요를 인식하고 땅이 번성하고 풍요로워지는 방식으로 도시를 건설하는 것입니다. 캐나다 밴쿠버는 도시 한가운데의 하천 근처에 습지를 조성하고 가꾸었습니다. 습지는 많은 환경 문제에 있어 도시와 해안, 초원, 숲을 위해 생태 기반으로 오래 지속할 수 있는 해결책이 됩니다.

문제를 해결하기 위해 인간의 기술에 의존하는 것은 잘못이 아닙니다.

그러나 그리스도인으로서 우리는 자연의 고유한 설계 속에 이미 환경에 대한 해결책이 담겨 있음을 알아야 합니다. 자연의 해결 방식은 겉으로 보기에는 인상적이지 않고 평범해 보입니다. 끊임없이 발전하는 기술은 바벨탑 수준에 도달할 수도 있겠지만, 우리는 먼저 하나님이 설계하신 습지의 고유한 기능을 이해하는 데 목표를 두고 자연의 섭리 안에 있는 하나님의 독창적인 방법을 따라야 합니다.

모두를 위한 지혜

거주 지역에 있는 습지를 자세히 알아보세요.
습지는 놀랍게도 어디에나 있습니다! 해안이나 공원, 심지어 고속도로 중앙분리대나 도시, 마을, 숲의 낮은 지대에도 습지가 존재합니다. 여러분 가까이에 오대호, 멕시코만, 롱아일랜드 해협, 체서피크만 또는 샌프란시스코만과 같이 습지가 있는 더 큰 랜드마크가 있을 수도 있습니다.[7]

지역 습지를 탐방해요.
- 지역 공원을 찾아보거나 공원과 위락시설에 연락하여 가까운 습지가 어디에 있는지 알아보세요. 습지에 갈 때는 장화를 신으세요.
- 현장 가이드를 통해 복잡하고 경이로운 습지 서식지에 대해 알아보세요. 습지의 동식물을 통해 습지가 주변 시스템에 어떤 유익을 주는지 알 수 있습니다.
- 습지에는 고지대 식생, 주변(또는 경계) 식생, 해수면이 높은 수생 식생 등 습기와 염분의 특정 조건에 적합한 다양한 식물 유형이 모여 사는 구역이 있습니다.

거주 지역의 습지 보호를 위해 활동해요.
- 농지를 개발 용지로 전환하는 것은 습지 면적이 꾸준히 감소하는 원인이 됩니다. 농지의 용도 변경과 같은 사업을 검토하고, 지역사회가 규정을 마련하여 구역을 지정할 때 더 강력한 보호가 이루어지도록 시민으로서 지지 의견을 전달하세요.
- 녹지 요건 강화, 외래종 제거, 범람원 개발 금지, 습지 주변에서 실시하는 저영향 개발 계획을 지지하세요.

습지 건강을 돕기 위해 잔디 관리에 신경 써요.
집 정원의 잔디밭에 비가 오면 인근 하천과 습지로 배수가 이루어집니다. 따라서 내가 내 땅에서 하는 일도 크게 봤을 때는 습지의 건강과 보호에 중요한 역할을 합니다. 마당에 있는 빗

물 정원(Rain Garden)과 소형 습지(Pocket Wetlands)는 물의 흐름을 늦춰서 땅이 물을 흡수할 수 있게 하며 물이 하천과 습지로 흘러가 버리기 전에 정원의 식물들이 자연스럽게 흡수할 수 있도록 도와줍니다.

빗물 정원을 가꿔요.
- ▶ 빗물 정원은 빗물이 모여서 땅속으로 스며들게 하고 오염 물질을 걸러 냅니다.
- ▶ 빗물 정원은 마당에서 가장 낮은 부분에 토종 관목, 다년생 식물, 꽃을 심은 정원입니다.
- ▶ 햇볕에 노출되는 정도, 빗물 흡수 능력, 양분 흡수 능력, 가뭄 저항성을 고려하여 자생식물을 알아보고, 여러분의 마음에 드는 식물을 골라 정원을 즐겁게 꾸며 보세요.

폭넓은 배수로를 만들어요.
- ▶ 폭넓은 배수로는 직접 물과 연결되는 길을 만드는 넓고 얕은 웅덩이를 말합니다. 이 친환경 배수로는 차도와 지붕에서 흘러내리는 물을 모아 빗물 정원으로 흘려보냅니다.
- ▶ 삽으로 홈을 파거나 굴착기를 빌려서 배수로를 돌로 채우면 물의 속도를 늦추면서도 멋진 바윗길을 만들 수 있습니다.

소형 습지(Pocket Wetlands)도 고려해요.
- ▶ 유수량, 방류 지점 수, 고도 변화에 따라 소형 습지를 조성할 수 있는 더 넓은 지역으로 배수로를 확장할 수 있습니다.
- ▶ 소형 습지는 계절에 따라 물을 가두거나 유지할 수 있도록 조성해야 합니다. 특히 마당 비료에서 나오는 영양분과 차도 및 주차장 유출수에서 나오는 화학물질을 흡수할 수 있도록 토종 습지 식물을 심어야 합니다.
- ▶ 이는 물새와 다른 멋진 야생동물의 쉼터가 될 수 있으며, 지역 환경에도 아주 유익합니다.

살충제, 비료, 제초제 사용을 자제해요.
- ▶ 살충제와 비료는 가능하면 전혀 사용하지 않거나 아주 적게 사용하세요.

- 해충으로 인해 어려움을 겪는 경우 비누나 식물성 살충제 같은 천연 제품을 사용하세요. 잔디를 깎을 때 나오는 잔해물과 나뭇잎으로 뿌리 덮개를 만들어서 비료로 쓸 수도 있습니다.
- 비료나 살충제는 비에 쉽게 씻겨 내려가므로 비가 오기 전에는 잔디밭에 비료나 살충제를 뿌리지 마세요.

습지 보호 및 복원을 위해 노력하는 비영리단체를 지원하세요.

습지 관련 비영리단체에 등록하거나 교회 그룹을 모아 지역 습지 복원 노력에 동참하고 지원하세요.

- **Ducks Unlimited**는 미국과 캐나다 전역에 걸친 습지를 보호하고 복원하는 데 중점을 둡니다.[8]

주의 영을 보내어 저희를 창조하사 지면을 새롭게 하시나이다
_ 시편 104:29

CHAPTER 9

바닷속 무지갯빛 놀이터,
산호초

그는 쇠하지 아니하며 낙담하지 아니하고
세상에 정의를 세우기에 이르리니 섬들이 그 교훈을 앙망하리라
_ 이사야 42:4

산호초에 내리쬐는 햇살 아래 흰동가리, 불가사리, 해마, 말미잘 같은 바다생물이 알록달록 춤을 추며 다채로운 빛을 발합니다. 산호초는 바다 환경의 1퍼센트에 불과하지만 약 25퍼센트에 이르는 바다 생물이 산호초에 의지해 살고 있습니다.[1] 산호초는 "바다의 열대우림"이라고 불릴 정도로 놀라운 생물 다양성을 간직하고 있지만 인간의 활동으로 큰 위기에 처해 있습니다. 지금 우리가 변화하지 않으면 바다의 신비와 풍요를 가득 담고 있는 산호초의 90퍼센트를 잃게 될 것입니다.[2]

파괴되는 산호초

어떤 산호초들은 자연스러운 현상으로 죽음을 맞기도 하지만, 안타깝게도 대부분의 산호초는 인간의 부주의 때문에 죽어 갑니다. 인류가 산호초에 미치는 악영향을 이해하면 하나님의 창조 세계에 가해지는 피해를 줄

일 수 있습니다.

더워지는 바다

2014년부터 2017년까지 바다가 비정상적인 수준으로 따뜻해지면서 전 세계 산호초의 70퍼센트가 백화현상을 겪었습니다.[3] 호주의 대보초에서도 수백 킬로미터에 걸쳐 길게 늘어서 있던 산호들이 생생한 색을 잃고 하얗게 변해 버리고 말았습니다. 2016년과 2017년에 이어진 온난화로 인해 호주 대보초의 절반이 죽었고, 이는 완전히 회복되기는 불가능한 상황입니다.[4]

산호의 백화현상은 수온 상승과 같은 외부의 환경 변화로 산호가 스트레스를 받았을 때, 산호가 내부에 공생하는 미세 조류를 뱉어 냄으로써 발생합니다. 미세 조류는 산호에 필요한 영양분을 제공하고 산호의 색을 결정하는데, 산호가 이를 배출하면 하얗게 변하면서 병들게 됩니다. 인류의 온실가스 배출은 수온 상승의 주요 원인입니다.[5] 백화된 산호는 회복될

산호란 무엇인가요?

산호는 동물입니다. 산호의 부드러운 몸체의 둥근 바닥에는 각각 '폴립'이라는 촉수가 위로 뻗어 있습니다. 산호는 얼핏 보면 바위나 단단한 지면에 붙은 식물처럼 보이지만, 실제로는 물 속에서 확장과 수축을 반복하며 살아가며, 암초의 거대한 바다 구조물을 구성합니다. 산호는 석회암 산호초를 층층이 쌓아 올려 물고기, 성게, 해면, 상어, 가오리, 랍스터, 문어, 달팽이 등의 서식지를 이룹니다.

수 있습니다. 하지만 그러기 위해서는 좀 더 낮은 온도의 물과 해수의 안정적인 상태가 충분히 지속되어야 하므로 회복하기까지 수십 년이 걸릴 수도 있습니다.

산호초를 위협하는 남획, 해양오염, 침전물

수온 상승 외에도 산호초의 회복을 위협하는 요소가 많이 있습니다. 과도한 남획은 어류의 개체수를 감소시키는데, 이는 산호초에 치명적입니다. 건강한 산호초 생태계 안에서 물고기들은 해조류를 먹습니다. 그런데 해조류를 잡아먹는 어류들이 없으면 해조류의 과도한 번식으로 산소가 부족해지고 햇빛을 차단하여 산호를 죽게 만듭니다. 플라스틱, 산업 폐수와 하수, 기름과 같이 인류가 만든 각종 해양오염도 산호초에 해롭습니다. 또한 공사장, 벌목장, 채굴 현장 등에서 날아오는 공사 먼지가 강과 해변을 따라 바다로 흘러들어 가면 산호초는 이 침전물들로 인해 질식할 수 있습니다.

→

산호초는 수천 개의 폴립으로 이루어져 있습니다. 이 그림은 폴립의 기초적인 해부도와 백화현상이 일어난 산호의 모습을 보여 줍니다. 산호의 백화현상은 산호 조직 안에 공생하는 조류가 방출되었을 때 생기는 현상으로, 이로 인해 산호는 색을 잃고 하얗게 변하거나 사라지게 됩니다. 바닷물이 지나치게 따뜻해지면 산호는 큰 스트레스를 받고 생존에 필수적인 조류를 방출하게 되는데, 이는 산호를 약하게 하고 궁극적으로 생태계에 영향을 미칩니다.

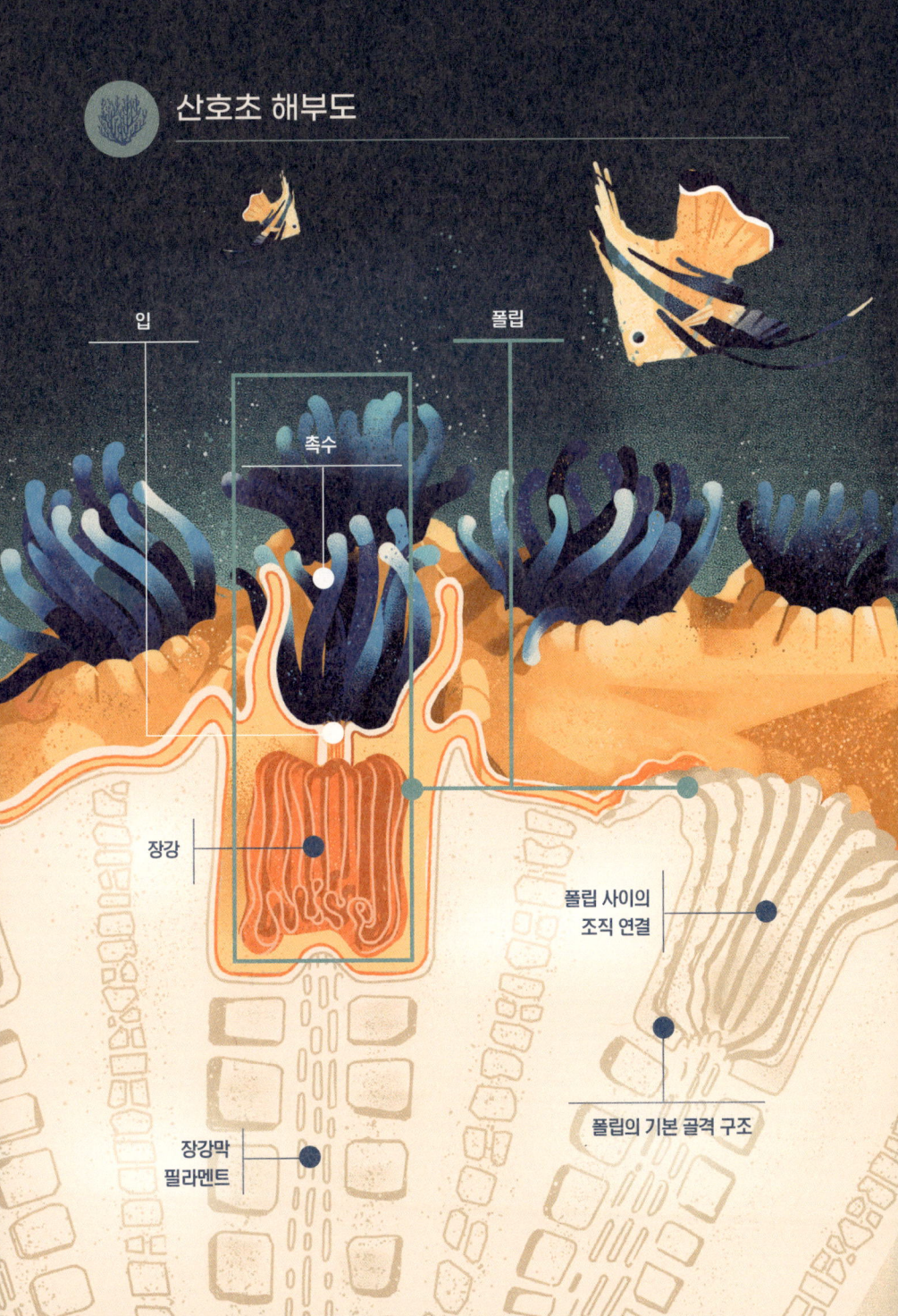

해양오염, 침전물, 독극물, 화학물질 그리고 과다한 영양 염류 등이 강물을 타고 바다로 흘러들어 가고 있습니다. 이는 조수 웅덩이를 포함한 해안 서식지를 파괴하고 특히 산호초에 해를 끼칩니다. 산호가 백화현상과 산성화, 질병으로부터 살아남으려면 오염되지 않은 청정의 바닷물이 필요합니다.

또한 자동차를 운전하거나 전기를 사용하는 등 인간의 일상적인 활동만으로도 공기 중에 이산화탄소가 배출되고, 이는 바다로 흡수되어 바다를 급속하게 산성화합니다. 이로 인해 산호가 산호초를 유지하기 어렵게 되고, 바다가 일정 수준 이상으로 산성화되면, 산호초는 문자 그대로 분해되어 버립니다. 이러한 문제들이 켜켜이 쌓이면 산호는 백화현상에서 회복되기 어렵고 다양한 질병에 더 취약해집니다.

다재다능한 산호

산호는 바다의 뛰어난 건축가로, 우리에게도 지구에도 없어서는 안 될 존재입니다. 스노클링과 같은 수상스포츠를 즐길 기회를 제공할 뿐 아니라, 폭풍으로부터 해안을 보호하고 지역 경제를 활성화합니다. 또한 산호초는 우리에게 식량과 약재를 제공하며, 5억 명 이상의 사람들이 산호초에 의존해 생계를 꾸리고 보호를 받고 있습니다. 산호초가 제공하는 유익을 경제적으로 환산하면, 전 세계 산호초의 순 경제적 가치는 연간 수백억 달러에 달하는 것으로 추정됩니다.[6] 우리는 산호초가 바다의 보배로서 고유하고 귀중한 가치를 지니고 있음을 기억해야 합니다.

성경적 관점

하나님은 그분의 창조 세계를 조화롭고 질서 있게 창조하셨습니다. 그렇기에 그 모든 것이 균형을 이룰 때 나타나는 결과는 정말로 경이롭습니다. 여러 생물 종이 산호 안에서 서로 밀접하게 조화를 이루며

> 하나님은 그분의 창조 세계를 조화롭고 질서 있게 창조하셨습니다.

살아갑니다. 조류와 산호는 영양과 보호를 위해 서로에게 의지하며, 서로가 없이는 생존할 수 없습니다.

함께 살아가는 생태계

미세 조류와 산호의 공생 관계는 산호 특유의 밝은 색을 만들어 냅니다. 하나님은 미세 조류와 산호의 공생을 통해 이들의 실제적인 필요를 공급하실 뿐 아니라, 산호가 아름다운 빛깔을 만들어 낼 수 있게 하셨습니다. 하나님은 피조물을 돌보시며, 동시에 아름답게 만드십니다.

이러한 수중 공생 관계를 통해 우리는 어떻게 해야 자연과 소통하는 법을 배울 수 있을까요? 전 세계 인구의 약 40퍼센트가 해안 근처에 살고 있다는 점을 고려할 때, 그리스도인은 하나님이 생태계를 위해 설계하신 공생의 모습을 배우고 살아 낼 필요가 있습니다. 우리는 해안 서식지 바로 옆에서 일하고, 놀고, 먹고, 배우며, 낚시도 하고, 매일 이 공간을 공유합니다. 우리는 산호초와 이미 깊은 관계를 맺고 있다는 사실과 산호초를 보존할 축복을 받았음을 인정해야 합니다. 산호초는 우리가 돌보도록 만드신

하나님의 수중 정원이자 그분의 창조 유산입니다.

그리스도인들이 자연 세계를 마음껏 향유하고 관여하는 것을 주저하는 이유 중 하나는, 창조주이신 하나님보다 자연 그 자체를 숭배하게 될지 모른다는 두려움 때문입니다. 이에 대한 분별력을 키우려면, 기독교적 사고방식과 범신론을 대조해 보는 것이 도움이 됩니다. 간단히 정의하자면 범신론은 "모든 것이 신이다"라고 믿는 세계관으로, 신과 우주 사이에 아무런 구분도 두지 않습니다.

기독교 창조신학의 핵심은 하나님의 초월성과 내재성을 함께 주장하는 데 있습니다. 다시 말해, 하나님의 영이 생명체 및 모든 자연에 아무리 신비롭고 깊게 내재해 있다 해도 하나님의 영과 창조 세계는 본질적으로 분리되어 있습니다. 하나님은 예수님으로 성육신하셨을 때 우주의 물리적 구조의 일부가 되셨고 "물질을 입으셨습니다". 우리가 자연의 아름다움을 보며 느끼는 경이로움이 그리스도를 통해 모든 것이 주어졌음을 인정하고 감사하는 것으로 이어질 때, 우리는 웅장한 산호초를 비롯한 모든 창조 세계를 마음껏 누림으로써 하나님께 영광을 돌릴 수 있습니다.

> **우리가 자연의 아름다움을 보며 느끼는 경이로움이 그리스도를 통해 이 모든 것이 주어졌음을 인정하고 감사하는 것으로 이어질 때, 우리는 웅장한 산호초를 포함한 모든 창조 세계를 마음껏 누림으로써 하나님께 영광을 돌릴 수 있습니다.**

공급하고 돌보시는 하나님

창조 세계의 청지기로서, 우리는 자연을 과도하게 착취하지 않도록 주의해야 합니다. 부와 번영을 우상화하는 마음은 무분별한 산호초 남획과 환경 파괴로 이어집니다. 장기적으로 보면 그 피해는 결국 우리 자신에게 돌아올 것입니다.

이런 탐욕스러운 행동은 종종 우리가 충분히 갖지 못하거나 제대로 공급받지 못할 것이라는 두려움에서 비롯됩니다. 하지만 자연 속 하나님의 설계를 보면, 하나님도 우리에게 공급하시는 분임을 알 수 있습니다. 산호초를 보세요. 산호는 촉수로 작은 해조류를 흡수하고, 해마는 산호초의 구석구석에서 자신의 집을 찾고, 흔들거리는 말미잘에게서 피난처를 찾습니다. 이처럼 모든 생물은 하나님의 설계에 의해 각각 필요를 공급받고 있으며, 그 결과는 아름답습니다. 하나님은 우리에게 때를 따라 필요한 좋은 것을 주시고 돌보시는 분입니다(마 7:11). 하나님이 그분의 창조물을 돌보신다는 것을 알면 안식할 수 있습니다. 이 안식은 우리가 부와 번영을 좇기보다는 산호초를 보호하는 행동을 선택하게 합니다.

모두를 위한 지혜

관광지를 방문할 때는 신중하고 친환경적인 여행객이 돼요.

해안 및 해양 관광은 650만 개 이상의 일자리를 창출합니다.[7] 그러나 관광과 해안 개발은 바다 환경을 파괴하기도 합니다. 관광객으로서 여행할 때 자신의 발자취에 신경 써서 여행지의 환경이 내가 도착했을 때보다 떠날 때 더 나은 모습으로 남을 수 있게 노력하세요.

레저 활동 및 관광할 때의 팁을 알려드릴게요.

- 다이빙이나 스노클링을 할 때는 산호를 만지거나 방해하지 마세요. 침전물을 휘저으면 산호가 질식할 수 있습니다. 감상만 하세요.
- 산호로 만든 기념품을 구매하지 마세요. 멋진 상어 모양 피규어나 예쁜 티셔츠처럼 바다에서 채취하지 않은 것들을 찾아보세요.
- 산호초 근처에 배의 닻이나 체인을 떨어뜨리지 마세요. 모랫바닥이나 사용 가능한 계류장을 이용하세요.
- 자외선 차단제에 함유된 화학물질은 산호 조직에 축적되어 표백, 손상, 변형, 심지어 죽음까지 초래할 수 있습니다. 피부를 보호하면서 산호도 보호할 수 있는 해양 친화적인 자외선 차단제를 사용하세요.[8]

지속 가능한 해안 개발에 대해 알아보세요.

- 해안에 새로운 주택, 사업체, 리조트, 호텔을 건설하려면 준설과 강도 높은 해변 공사가 필요합니다. 흙먼지와 쓰레기가 바다에 쌓여 햇빛을 차단하면 산호 백화 및 폐사의 원인이 됩니다.
- 해안 개발 프로젝트는 엄청난 규모의 사업이므로 규정과 정책을 마련하고 더 엄격하게 시행해야 합니다. 정책 제안은 연안 지역 사회가 지역 해안가를 보호하기 위해 목소리를 낼 중요한 기회입니다.
- 해안 근처에 거주하지 않는 경우, 관광객으로 방문할 때는 머물고자 하는 리조트나 숙박 장소를 살펴보세요. 관광단지의 오수는 산호를 죽이고 해조류의 과다 번식을 유발

하며, 산호의 백화현상 이후에 산호의 회복을 방해할 수 있습니다.[9] 관광지의 폐기물 관리 관행에 대해 문의하세요.

어디에서든지 산호초를 돌볼 수 있습니다.

여러분이 있는 곳을 수역 친화적으로 유지해요.
- ▶ 내륙에 살든 해안에 살든, 여러분이 사는 지역의 유역을 깨끗이 관리하는 것은 강과 바다로 이어져 수역과 하류 서식지에 영향을 미칠 수 있습니다.
- ▶ 화학물질이 수로로 유입되는 것을 막기 위해 비료, 살충제, 제초제 사용을 줄이세요.
- ▶ 교회에서 함께 인근 지역의 쓰레기를 주웁시다. 특히 빗물 배수구 근처의 쓰레기를 집중적으로 수거해야 합니다.

해변 청소에 참여하는 것도 좋습니다.
- ▶ 해안 근처에 거주하거나 해변을 방문할 계획이 있다면 해변이나 산호초 청소에 참여할 수 있습니다.
- ▶ 지역 해안 단체의 웹사이트를 방문하여 도울 기회가 있는지 알아보세요.
- ▶ 특히 연안의 산호초가 산호 질병으로 어려움을 겪고 있으며 모든 형태의 오염에 매우 민감한 상태라는 것에 유의하세요.

지속 가능한 해산물을 선택해요.

여러분이 해산물을 구매하려는 업체가 파괴적인 어업을 지양하는 곳인지 꼭 확인하세요. 어류는 해안가 먹이 그물망의 중요한 부분을 담당하고 있으며, 산호를 질식시킬 수 있는 해조류를 적정 수준으로 유지시켜 줍니다.

정보에 입각한 해산물 소비를 통해 남획을 방지해요.
- ▶ 해산물을 완전히 포기해야 할 것까지는 없지만, 남획을 방지하기 위해서는 내가 먹는

해산물이 지속 가능한 방식으로 공급된 해산물인지 확인해 봐야 합니다.

현지에서 잡은 해산물을 먼저 구매해요.
- 지역사회를 지원하는 어업 단체에 가입해 지역 어민을 돕고 지속 가능한 어업 활동을 장려합시다.
- 지역사회 어업 단체에서 해산물 구매가 어려운 경우, 소매업체와 식당에서 판매하는 해산물의 출처에 대해 문의하세요.

해양 보호 비영리단체를 후원해요.

아래의 비영리단체들은 산호초를 구하고 해양보호구역을 설정하기 위해 일하고 있습니다.
- **Mission Blue**는 해양보호구역(MPA)을 정하여 산호초와 귀중한 해양 생물을 어업 및 기타 잠재적으로 해로운 인간 활동으로부터 보호하기 위해 노력합니다. 국립공원과 유사하게, 해안 지역을 자연 그대로의 상태로 유지합니다.
- **Coral Reef Alliance**의 사명은 전 세계 산호초를 보호하는 것입니다. 산호초에 대한 위협을 줄이기 위해 해안 지역 사회와 협력하여 하수 및 폐기물 관리 문제 등을 처리하고, 산호초가 기후 변화에 어떻게 적응하는지 연구하여 해결책을 제시합니다.
- **The Nature Conservancy**는 연해안 지역사회가 해수면 상승과 강렬한 폭풍우에 대비할 수 있도록 앞장서서 돕는 단체입니다. 해안선을 살리기 위해 노력하는 지역 환경 단체가 있을 수도 있습니다.

하나님이 큰 바다 짐승들과 물에서 번성하여 움직이는 모든 생물을 그 종류대로,
날개 있는 모든 새를 그 종류대로 창조하시니 하나님이 보시기에 좋았더라

_ 창세기 1:21

CHAPTER 10

광활하고 신비로운 지구의 심장,

바다

땅을 물 위에 펴신 이에게 감사하라 그 인자하심이 영원함이로다
_ 시편 136:6

바다를 떠올릴 때면 어떤 모습이 그려지나요? 모래 위로 부서지는 파도, 수평선 위로 끝없이 펼쳐진 파란빛과 초록빛 그림자, 또는 수면 위아래로 날아오르는 고래와 바닷새가 떠오르나요? 우리는 대부분 지구에서 가장 큰 수역인 바다에 대해 이상적인 이미지를 갖고 있지만, 실상 바다는 인간의 활동과 부주의한 선택으로 고통받고 있습니다.

바다란 무엇인가요?

바다는 하나로 연결된 거대한 소금물 덩어리로, 지구 표면의 70퍼센트 이상을 덮고 있습니다. 우리는 바다를 태평양, 대서양, 인도양, 북극해의 네 지역으로 나눕니다. 전 세계 물의 약 97퍼센트는 바다에 있으며, 이 물은 시계 방향 또는 시계 반대 방향으로 이동하는 해류와 환류를 타고 이동하며 소용돌이칩니다. 이 거대한 소용돌이는 바다를 뒤섞어 거대한 고래부터 가장 작은 해양 생물인 플랑크톤에 이르기까지 바다의 생태계에 큰 영향을 미칩니다.

바다

바다는 풍부한 해양 생물의 서식지일 뿐만 아니라 여행과 산업 분야에서 매우 중요한 역할을 합니다. 또한 영양분을 운반하고 기후를 조절하는 등 우리 삶에 큰 영향을 미칩니다. 하지만 바다는 우리가 버린 쓰레기를 운반하며, 천천히 회전하는 소용돌이인 '쓰레기 지대'를 형성하기도 합니다. 우리가 일으킨 오염은 생태계를 교란하며 생명을 파괴하고 있습니다.

> 우리가 일으킨 오염은 생태계를 교란하며 생명을 파괴하고 있습니다.

바다를 아프게 하는 것들

인류는 바다에 여러 문제를 야기하고 있습니다. 우리는 해양 문제를 이해하고 전 지구적 차원과 개인적 차원에서 해결책을 모색해야 합니다.

해양오염

해양오염은 매우 심각한 문제입니다. 플라스틱은 한 번 생산되면 (대부분 일회용으로 사용된 후에) 79퍼센트가 쓰레기 매립지에 묻히거나[1] 자연에 버려집니다. 이대로라면 2050년에는 바다에 물고기 3킬로그램당 1킬로그램의 플라스틱이 존재할 것이라고 합니다.[2] 매년 약 8,000만

> 매년 약 8,000만 마리의 대왕고래 무게에 해당하는 800만 톤 이상의 플라스틱이 바다로 유입되어 '쓰레기 지대'를 형성하거나 '쓰레기 수프'가 되어 바다를 떠다니면서 수역을 오염시키는 것으로 추정됩니다.

마리의 대왕고래 무게에 해당하는[3] 800만 톤 이상의 플라스틱이 바다로 유입되어 '쓰레기 지대'를 형성하거나 '쓰레기 수프'가 되어 바다를 떠다니면서 수역을 오염시키는 것으로 추정됩니다.

하와이와 캘리포니아 사이에 떠다니는 '태평양 거대 쓰레기 지대'는 해양 쓰레기 문제의 심각성을 보여 주는 대표적 사례입니다. 또한 플라스틱을 중심으로 한 해양 쓰레기 더미가 총 다섯 권역에서 떠다니고 있습니다. 강, 호수, 바다로 흘러들어 가는 플라스틱 쓰레기는 다양한 방식으로 해양 및 담수 환경에 해를 끼칩니다.

미세플라스틱

바다에 떠다니는 플라스틱은 대부분 아주 잘게 분해된 미세플라스틱입니다. 문제는 어류와 물새를 비롯한 다양한 해양 생물이 이를 섭취한다는 것입니다. 갈매기와 펠리컨을 섞어 놓은 것처럼 생긴 거대한 바닷새 알바트로스는 부리로 바다 표면을 훑어 먹이를 얻는데, 먹이 대신 플라스틱을 주워 먹는 경우가 많습니다. 하와이 제도의 미드웨이 환초에서는 배에 플라스틱 조각과 병뚜껑이 가득 찬 채 썩어 가는 알바트로스 시체들이 발견되곤 합니다. 안타깝고 충격적인 광경입니다. 알바트로스가 우리의 쓰레기를 먹는 쓰레기봉투 신세가 되어 버린 것입니다.

플라스틱은 바닷새의 59퍼센트,[4] 모든 바다거북이 종,[5] 그리고 세계 수산물 시장에 있는 물고기의 25퍼센트 이상에서[6] 발견되었습니다. 플라스틱은 입자가 작을수록 독성 물질을 잘 흡착하는 것으로 알려져 있으며, 해양 생물이 이를 섭취할 경우, 독성이 축적되어 먹이사슬을 통해 인간에게까지 전달됩니다. 플라스틱 쓰레기는 이러한 악순환을 통해 우리 몸에 들어와 내분비계를 교란하고 발암물질로 작용하는 등 인체에 해로운 영향을 끼칩니다.

해양 산성화(탄소 오염)

바다를 해치는 또 다른 유형의 오염으로 탄소 오염(지구 온난화)이 있습니다. 해양 산성화는 바다에 흡수되는 대기 중 이산화탄소(차량 및 산업 플랜트에서 배출되는)의 비중이 과도할 때 발생합니다. 바다는 대기 중으로 방출되는 이산화탄소의 약 30퍼센트를 흡수합니다.[7] 이로 인해 물의 산성도가 높아져 해양 생물에 악영향을 미칩니다. 수많은 해양 생물은 특정 산도에서 생존하는 데 익숙해져 있으므로 산성도의 변화는 해양 생물들의 생존에 해로울 수 있습니다.

특히 산성도가 높은 환경조건에서는 탄산칼슘이 용해되므로, 서식지나 껍데기가 탄산칼슘으로 이루어진 종들은 큰 위협을 받고 있습니다. 따라서 해양 산성화는 중요한 공급원인 조개류에 큰 위협이 됩니다. 또 우리가 앞서 이야기한 산호 또한 산성화된 바다 환경에 취약합니다. 마지막으로, 바다 먹이 사슬의 근간이자 작은 유기체인 플랑크톤도 산성화된 바닷물에 매우 취약합니다. 플랑크톤의 감소는 플랑크톤을 먹이로 삼는 어류 개체수에 영향을 미쳐 물고기를 먹는 돌고래와 바다표범 같은 대형 바다 생물에도 연쇄적으로 영향을 미칠 것입니다.

남획

남획이란 자연적으로 회복할 수 있는 속도보다 더 빠르게 너무 많은 양의 물고기를 한꺼번에 잡는 것을 의미합니다. 어류 개체수가 다시 회복할 수 있는 시간을 주지 않으면 어족 자원은 고갈되고 말 것입니다. 정확한 수치는 논쟁의 여지가 있지만, 유엔 발표에 따르면 전 세계 어업의 약 3분의 1이 남획되는 것으로 추정됩니다.[8] 이러한 관행은 어민의 생계뿐만 아니라 수산업, 식량 안보, 그리고 전 세계 수십억 인구가 의존하는 단백질 공급원을 위협합니다. 물고기를 잡는 행위 자체는 잘못된 일이 아니지만, 어족 자원을 고갈시켜 버릴 정도로 물고기를 잡는 것은 현명하지 못하고 근시안적인 행동입니다. 남획은 미래에서 자원을 빼앗아 오는 것과 같습니다. 최근 미국 일부 해안에서는 지속 가능한 어업을 시행한 덕분에 어족 자원이 회복되고 있습니다. 우리는 지속 가능한 해산물을 구매함으로써 어류 자원의 회복을 돕는 데 기여할 수 있습니다.

> 우리는 미래에서 자원을 빼앗아 오고 있습니다.

←

5밀리미터보다 작은 조각인 미세플라스틱이 전 세계 바다에 존재합니다. 미세플라스틱은 더 큰 플라스틱 조각이 파도나 바람, 자외선에 의해 분해되어 형성되며, 흡착을 통해 오염물질 및 독소와 결합합니다. 이러한 미세플라스틱을 플랑크톤이 섭취하면 먹이사슬을 따라 작은 어류, 더 큰 어류, 포유류와 인간에게로 화학물질이 이동하는데, 이 과정을 '생물농축'이라고 합니다.

바다의 중요성

바다가 지구 전체의 건강에 얼마나 중요한지는 아무리 강조해도 지나치지 않습니다. 바다는 적도에서 극지방으로 열을 전달하여 기후를 조절합니다. 지구에서 생산되는 산소의 절반은 바다에서 나오며, 그 대부분은 광합성을 하는 작은 플랑크톤이 생산합니다(정말 놀라운 일이죠!).[9] 다시마 숲과 켈프 숲은 상당량의 이산화탄소를 포집할 수 있어 기후 변화 해결의 중요한 수단으로 여겨지고 있습니다. 해양 보호 구역의 설정은 낚시 금지 구역을 정하는 것처럼 규제를 통해 해양을 보호하는 주요 전략 중 하나입니다. 이는 산호초와 다시마 숲과 같은 해양 서식지를 보호하고, 지역이 다시 회복되게 돕습니다. 수십억 명의 사람들이 주요 단백질 공급원을 바다에서 잡은 어류에 의존하고 있습니다. 바다는 우리의 날씨와 호흡, 식량에도 영향을 미칠 뿐 아니라 끝없는 탐험과 휴식, 경이로움의 원천이기도 합니다.

성경적 관점

모래사장에 앉아 너른 바다 너머로 떠오르는 태양을 바라보고 있으면, '지상천국'이라는 말이 절로 떠오릅니다. 새벽 햇살에 반짝이는 물결, 주홍빛으로 물든 하늘, 그리고 끝없이 펼쳐진 수평선…. 헤아릴 수 없이 넓고 깊은 바다의 모습은 하나님의 사랑을 닮았습니다.

타인과 지구에 대한 우리의 의무

지구는 거룩하신 하나님이 사랑하시는 신성한 땅입니다. 그런데도 사람들은 이런 지구에 쓰레기를 버립니다. 하지만 우리는 하나님을 사랑하고 창조 세계에 감사하는 마음으로 다른 사람이 버린 쓰레기도 기꺼이 치울 수 있습니다. 버린 이들은 미처 알지 못하거나 그다지 고마워하지 않을 수 있지만, 우리에게는 진정 그들을 섬기면서 다른 사람들과 지구를 사랑할 기회가 주어진 것입니다.

사실 쓰레기 그 자체보다 더 큰 해악은 우리의 무관심입니다. 우리는 쓰레기를 쓰레기통에 버리는 순간 마치 쓰레기가 완전히 사라진 것처럼 여기지만, 실상 쓰레기는 계속 쌓일 뿐이고 종종 수로를 따라 바다로까지 흘러들어 갑니다. 바다에 떠다니는 거대한 쓰레기 더미는 우리가 그동안 쓰레기와 플라스틱 오염에 얼마나 무지했는지를 명백히 보여 줍니다. 그리스도인으로서 우리는 하나님의 영광을 위해 쓰레기를 줄여서 지구를 깨끗하고 아름답게 가꿀 수 있는 해결책을 찾아야 합니다.

놀라운 바다

자연의 모든 부분과 마찬가지로 바다는 하나님의 설계와 명령 아래 있습니다. 하나님은 바다가 태양과 달, 기압, 바람에 의해 움직이도록 창조하셨습니다. 지구와 달, 태양의 배열은 주기나 계절에 따라 바람을 일으키고, 지구 주변의 기압을 변화시켜 조수를 움직이며, 해류를 순환시킵니다.

하나님은 빅뱅이나 다른 우주 현상을 통해 태양과 달을 각각 제자리에 두셨고, 달의 주기는 하나님의 예정된 인도에 따라 움직이도록 창조되었습니다. 지구의 기울기도 마치 뛰어난 수학자가 각도기와 나침반을 들고 설계한 것처럼 섬세하게 정해졌습니다. 하나님은 이 모든 거대한 힘을 결합해 바람과 파도를 일으키셨습니다.

> 예수님은
> 바다와 바람과 파도를
> 다스리는 주님이십니다.

예수님께서 이 땅에 계실 때 바람과 파도를 꾸짖어 잠잠하게 하신 장면이 떠오릅니다. 이는 오직 창조주만이 할 수 있는 일입니다. 마태복음 8장 27절은 이렇게 외칩니다. "이이가 어떠한 사람이기에 바람과 바다도 순종하는가." 예수님이 폭풍우를 잠재우시자 제자들은 예수님을 그리스도로 인정했습니다. 우리도 바다의 위대한 신비를 통해 예수님의 능력과 위엄을 볼 수 있습니다. 예수님은 바다와 바람과 파도를 다스리는 주님이십니다.

신비로운 바다

과학 연구와 지구 온난화 경고, 새로운 탐험, 영토 분쟁, 국제적인 논쟁 등으로 바다는 항상 많은 관심을 받아 왔지만, 지금도 여전히 알려지지 않은 부분이 더 많은 곳입니다. 아직도 바다의 80퍼센트 이상이 미개척지로 남아 있습니다.[10] 대체로 우주를 마지막 개척지라고 말하지만, 우리 행성에 있는 바다에도 여전히 발견하고 풀어야 할 신비가 많이 있습니다.

시편 104편 25절의 "거기에는 크고 넓은 바다가 있고 그 속에는 생물 곧 크고 작은 동물들이 무수하니이다"라는 말씀처럼, 대서양, 태평양, 인도양의 심해에는 짙은 어둠과 거대한 오징어, 빛나는 물고기, 기괴하고 거대한 해양 포유류들이 숨어 있습니다. 바다는 무섭도록 숭고하며, 그 신비는 우리를 끌어당기며 탐험하라고 손짓합니다.

인류가 지구 곳곳을 정복하고 탐험할 때는 친절과 경외심, 그리고 경이로움을 품어야 합니다. 하나님은 우리가 그분의 손으로 행하신 일에 대해 더 많이 배우도록 길을 열어 주셨지만, 결코 우리 자신의 목적만을 위해서 사용하거나 해로운 것의 수단으로 삼는 것을 허락하신 적은 없습니다. 그리스도인으로서 우리는 하나님의 지혜에 의지해 우리가 어떤 탐험을 후원할지 결정하고, 청지기로서 바다를 가장 잘 보호하고 관리할 방법을 찾아야 합니다.

> **지구 곳곳을 정복하고 탐험할 때는 친절과 경외심, 경이로움을 품어야 합니다.**

모두를 위한 지혜

4R을 따라요. Refuse(거절하기), Reduce(줄이기), Reuse(다시 쓰기), Recycle(재활용하기)입니다.

매년 80억 톤의 플라스틱이 바다로 유입되는 것으로 추정됩니다. 이것은 1분마다 플라스틱이 가득 든 트럭을 바다에 버리는 것과 같습니다.[11] 더 많은 쓰레기가 바다로 유입되는 것을 막기 위해 누구나 할 수 있는 역할이 있습니다. 그리고 그것은 우리의 작은 습관에서 시작됩니다.

Refuse: 일회용품 사용을 삼가요.

- 빨대와 플라스틱 수저, 플라스틱 물병, 종이컵, 비닐봉지 등 일회용 플라스틱의 사용을 자제하세요. 일회용품 사용은 불필요한 낭비입니다. 각종 해양 생물이 비닐봉지 끈에 묶이고 바다거북은 떠다니는 비닐봉지를 해파리로 착각해 먹으려는 일이 자주 발생합니다.
- 휴대용 다회용기와 다회용 식기를 준비하세요. 온라인에서 다양한 제품을 찾을 수 있습니다.[12]
- 플라스틱 빨대를 사용하지 마세요. 빨대는 해양 동물의 약한 부위를 찌르거나 질식시킬 수 있습니다. 재사용이 가능한 빨대를 준비하거나 컵째 마시는 것도 좋은 방법입니다.
- 휴대용 텀블러를 카페에 가져가거나 커피 전문가가 되어 집에서 커피를 즐겨요.
- 캡슐 커피 대신 재사용이 가능한 커피 필터에 직접 원두를 갈아 커피를 내려 드세요.
- 식품 포장 쓰레기는 미국 환경 보호단체인 해양 보호 협회(ocean conservancy)가 정화활동 중에 발견하는 가장 흔한 쓰레기 중 하나입니다.[13] 식료품점이나 시장에 갈 때 재사용이 가능한 가방을 챙기고, 비닐로 포장된 채로 판매되는 식품은 피하세요.
- 플라스틱 랩 대신 재사용이 가능한 밀랍 랩을 사용하세요. 예쁘고 사랑스러운 제품이 다양하게 준비되어 있습니다.
- 식당에 갈 때 개인용 다회용기를 챙겨 가거나 먹을 만큼만 주문하세요. 스낵과 샌드

위치용 비닐봉지 대신 실리콘 보관 용기처럼 재사용 가능한 스낵 보관 용기를 구매하세요.
- 재사용이 가능한 쇼핑백이나 장바구니, 다회용기를 차 안이나 집 안 눈에 잘 띄는 곳에 두어 장 보러 갈 때 깜빡하지 않도록 하세요.
- 인터넷 쇼핑을 줄이거나 배송을 결합해 환경 부담을 줄이세요.
- 식품 포장재를 줄이기 위해 벌크로 구매하세요. 비용도 절약할 수 있습니다.
- 미세플라스틱을 막아 주는 세탁 공이나 세탁 주머니, 또는 세탁 필터를 사용하세요.

Reuse, Recycle: 재사용하고, 재활용해요.
- 친구들과, 또는 지역사회 안에서 옷 나눔 장터나 벼룩시장을 개최하세요. 나에게 쓸모없는 것이 다른 사람에게는 새로운 보물이 될 수 있습니다.
- 지역사회의 재활용 규칙을 확인하고, 모든 재활용 쓰레기를 반드시 분리 배출하세요.

Reduce: 지속 불가능한 소비는 줄여요.
- 쓰지 않거나, 다시 쓰거나, 재활용할 수 없는 경우, 사용을 최소화하세요.[14]

플라스틱 대체품을 사용해요.

우리는 사용을 줄이고, 재사용하고, 재활용하는 동시에, 수백 년 동안 지구에 잔류하는 플라스틱을 대체할 수 있는 다른 소재로 전환해야 합니다. 생분해가 가능하고 생산 과정이 친환경적인 소재가 개발되고 있습니다.

청소용품을 살 때도 한 번 더 생각해요.
- 청소용 세제는 주로 액체로 만들어져 있습니다. 재사용 가능한 용기와 생분해되는 성분의 제품을 사용하세요.

샴푸 비누와 린스 비누를 사용해요.
- 플라스틱 사용을 줄이기 위해 천연 재료로 만든 샴푸 비누, 린스 비누, 바디워시 비누

를 사용하세요.

미세플라스틱 없는 행주를 이용해요.
- 극세사 천이나 일회용 종이 타월 대신 대나무 섬유 행주를 사용하세요. 자라는 속도가 빨라 나무의 훌륭한 대안이 됩니다. 대나무 행주는 세탁 시에도 안전합니다.

퇴비로 사용 가능한 주방 수세미를 사용해요.
- 식물성 셀룰로오스로 만들어 퇴비화가 가능한 무표백 천연 수세미를 구매하세요.

재활용 플라스틱으로 만든 신발이 있습니다.
- 물병이나 해양 플라스틱을 재활용해서 만든 신발을 신으세요.[15]

바다 정화 활동을 기획하거나 직접 참여해요.

바다에 떠다니는 거대한 쓰레기 더미를 완전히 치우는 일은 불가능해 보일지 모릅니다. 하지만 네덜란드에서 개발한 2,000피트 길이의 부유식 수거선을 태평양 한가운데로 보내는 등 대규모 프로젝트들이 진행되고 있습니다. 그러나 우리가 지금 당장 할 수 있는 가장 효과적이고 현실적인 방법은 플라스틱 쓰레기가 더 이상 바다로 흘러가지 않도록 막는 것입니다.

해안 정화 활동에 동참해요.
- 거리와 해변, 강과 하천에 버려진 쓰레기는 해양 쓰레기가 될 수 있습니다. 해양청에서 정화 활동에 대한 정보를 구독하세요.[16]
- 해변에 갈 때는 재활용 쓰레기봉투를 챙겨 가서 쓰레기를 줍고, 당신이 그곳에 도착했을 때보다 떠날 때 더 깨끗해지도록 하세요.
- 제로 웨이스트에 도전하세요. 일상에서 불필요한 물건을 조금씩 덜어내는 것부터 시작하세요. 인터넷과 SNS에 제로 웨이스트 실천 가이드와 창의적인 제로 웨이스트 팁이 많이 있습니다.

해양 비영리단체 및 국제 프로그램을 지원하세요.

다음 단체를 살펴보고 어떻게 도울 수 있는지 알아보세요.
- **Oceana**는 해양 보호에 전적으로 집중하고 있습니다. 이들은 해양보호구역(MPA) 조성에 힘쓰고 있으며, 이미 400만 평방마일 이상의 바다를 보호하고 북대서양긴수염고래와 같은 멸종 위기에 처한 해양 생물을 보호하기 위해 노력하고 있습니다.
- **Ocean Conservancy**는 해양 서식지를 보호하고 지속 가능한 수산업을 장려하며 해양에 대한 인간의 영향을 줄이는 데 전념하는 단체입니다. 또한 매년 국제 해변 정화 활동도 주도하고 있습니다.

CHAPTER 11

극지방과 지구의 기후

얼음은 누구의 태에서 났느냐 공중의 서리는 누가 낳았느냐
_ 욥기 38:29

새하얀 눈으로 뒤덮인 광활한 대지가 태양 빛을 받아 반짝이는 순간, 눈 덮인 극지는 마치 하나님의 영광을 드러내는 것만 같습니다. 외뿔고래가 숨을 쉬려고 얼음 틈 사이로 뿔을 내밀고, 북극여우는 쪼르르 달려가 푹신한 눈 속으로 뛰어듭니다. 눈보라는 야생의 힘을 자랑하고, 얼음은 견고한 요새처럼 우뚝 서 있습니다.

꽁꽁 얼어붙은 북극과 남극의 모습은 우리에게 전혀 다른 낯선 세상처

화석 연료와 온실가스란 무엇인가요?

화석 연료는 식물과 동물의 썩은 유기체가 수천 년에 걸쳐 땅속에서 가열되고 압력을 받아 화석화된 퇴적물을 일컫습니다. 인류는 수 세기에 걸쳐 석탄, 석유, 천연가스 등의 화석 연료를 태워서 대기 중 열을 가두는 온실가스의 자연적인 수준을 넘겨 버렸습니다. 온실가스는 지구를 둘러싸 '담요' 역할을 하며 지구를 따뜻하게 해줍니다. 이산화탄소, 메탄, 수증기와 같은 온실가스가 없다면 지구는 얼어붙어 생명체가 살기에 부적합한 환경이 될 것입니다. 적정 수준의 온실가스는 생태계에 유익하며 필수적입니다.

럼 느껴지지만, 사실 우리의 일상과 아주 밀접하게 연결되어 있는 곳입니다. 우리는 대부분 지구의 북극과 남극 근처에 살지 않지만, 지구 어디에 살든 기후를 통해 그곳들과 연결되어 있습니다. 과학자들의 97퍼센트가 인류의 화석 연료 사용과 대기 중 온실가스 증가로 지구의 기후가 비정상적인 속도로 변화하고 있다는 데 동의하고 있으며, 우리는 이러한 변화를 일상에서도 느끼고 있습니다.

탄소 배출과 화석 연료 사용의 결과

이산화탄소와 메탄은 자동차, 기차, 비행기, 배, 산업 플랜트, 농업 관행, 삼림 파괴를 통해 대기 중으로 유입됩니다. 산업혁명과 화석 연료의 사용은 의학 발전과 전기 공급, 여행 등 많은 것을 가능하게 해주었지만, 탄소 배출에는 대가가 따릅니다.

지구는 탄소를 순환시키고 균형을 맞추는 본연의 시스템을 갖추고 있습니다. 식물이 광합성을 하면서 탄소를 흡수하고, 동물이 식물을 먹어 그 탄소를 체내에 축적한 뒤 생을 마치면, 그 탄소가 다시 땅으로 돌아갑니다. 이후 탄소는 지각 변동과 화산 활동(탄소 배출량의 1퍼센트에 불과함), 또는 식물과 동물, 분해자의 호흡을 통해 서서히 대기 중으로 돌아갑니다.

하지만 인간은 화석 연료의 형태로 지하의 탄소를 채취하여 자연이 감당할 수 있는 수준을 훌쩍 넘는 양의 탄소를 다시 대기에 배출하고 있습니다. 독실한 그리스도인이자 저명한 기후학자인 캐서린 헤이호 박사는 "하나님의 창조 세계는 열병을 앓고 있습니다"라고 말했습니다.[1] 지구가 겪고

> "하나님의 창조 세계는 열병을 앓고 있습니다."

있는 고통은 빙하가 녹아 해수면이 상승하고, 전 세계적으로 폭염이나 가뭄, 강한 폭풍우, 홍수, 산불이 증가하는 것으로 나타나고 있습니다.

자연과 인간을 위협하는 기후 변화

인공위성으로 촬영한 사진을 보면 북극의 빙하가 줄어드는 모습을 확인할 수 있습니다. 얼음은 원래 계절에 따라 녹았다 얼었다를 반복하지만, 여름철 북극의 빙하는 10년마다 13퍼센트 이상 줄어들고 있습니다.[2] 여름철 빙하의 감소 하한선은 매년 낮아지고 있습니다. 얼음은 녹아서 어디로 흘러갈까요? 빙하가 녹으면 이는 해수면 상승으로 이어지고, 해수면 상승은 해안가에 있는 도시와 지역사회에 큰 문제를 야기합니다.

→

온실 효과는 이산화탄소, 메탄, 수증기 및 기타 가스나 에어로졸의 존재로 인해 지구 표면과 대기가 자연적으로 따뜻해지는 현상을 말합니다. 온실처럼 특정 가스가 햇빛을 받아들이면서 열은 빠져나가지 못하도록 차단해 복사열이 대기 중에 갇히게 됩니다. 인간의 과도한 탄소 배출로 인해 온실가스가 자연적인 수준을 넘어서게 되었고, 온실 효과는 지속해서 증대되었습니다.

# 온실 효과

자연적 온실 효과

인위적 온실 효과

태양복사열

더 많은 열이 우주로 빠져나감

우주로 빠져나가는 열이 적음

온실가스 대기

이산화탄소, 메탄, 아산화질소 기타 온실가스

> 인공위성이 찍은 사진을 보면 북극의 빙하가 줄어드는 모습을 확인할 수 있습니다.

광활한 극지의 하얀 눈과 얼음의 표면은 태양 에너지를 다시 우주로 반사하여 지구를 식히는 데 도움을 줍니다. 극지의 얼음이 사라지면 하얀 빙하가 덮고 있던 자리를 어두운 바닷물이 대신하게 되어 알베도 효과(자연적인 빛 반사 현상)가 감소합니다. 어두운 바닷물은 여름날의 검은 아스팔트처럼 태양열을 흡수합니다. 열을 반사하는 빙하가 사라질수록 온난화는 더욱 심화되고, 이는 지구 전역에서 악순환을 일으킵니다. 이는 마치 삼림 벌채로 인해 나무가 사라지면 공기 중의 탄소를 자연적으로 흡수하는 주요 수단인 숲도 사라지게 되어 온난화가 가속화되는 것과 같습니다.

온난화로 인한 물 공급 부족과 농작물 성장 문제, 기상 이변 등 다양한 문제들이 이미 일상에서 체감할 수 있을 만큼 가까이 다가와 있습니다. 지난 10년간 기록된 기온은 역사상 가장 높았으며,[3] 폭염의 강도와 발생 일수도 계속 증가하고 있습니다. 특히 적당한 쉼터나 에어컨이 없는 사람들에게는 폭염이 불편한 정도를 넘어 치명적인 수준이 되었습니다. 극심한 기상 이변으로 인해 대서양에서 위험 수준 5단계의 허리케인이 지난 반세기 동안 다섯 번이나 발생했습니다. 이런 극심한 재난은 우리가 처한 기후 위기의 심각성을 경고하고 있습니다. 뜨거워지는 기후는 호주에서 캘리포니아에 이르기까지 산불을 유발하고 증폭시키며 중요한 서식지를 위협하고 있습니다. 기후 변화는 물 부족, 생물 다양성 손실, 해양 산성화, 산호 백화, 농작물 생산량 감소 등 기존에 갖고 있던 문제를 더욱 악화시킵니다. 지구 온난화는 거의 모든 환경 문제에 대한 경고등을 울리고 있습니다.

지구 온난화는 우리의 건강에도 악영향을 미칩니다. 높은 기온은 다양한 질병을 유발하는데, 북미에서는 모기나 진드기 같은 해충이 옮기는 질병(웨스트나일 바이러스, 라임병, 뎅기열 등)이 증가하고 있습니다. 홍수 및 폭풍 피해로 인해 하수 문제와 수질 오염이 발생하면서 콜레라와 같은 수인성 질병 또한 증가하고 있습니다.

위험한 사업

화석 연료를 추출하고 운송하는 과정은 환경에 유해할 뿐 아니라, 노동자의 안전도 위협하는 경우가 많습니다. 자연 그대로의 북극권 국립 야생동물 보호구역(ANWR)은 미국에서 가장 큰 야생지대로, 원주민 부족의 고향이자 북극곰과 순록의 번식지이며 수많은 철새를 비롯한 200여 종의 서식지입니다. 하지만 시추를 위해 보호 구역을 없애려고 하는 석유 업계의 활동으로 인해 이 보호구역이 위협받고 있습니다.

석유

키스톤 XL 송유관 프로젝트는 캐나다 앨버타에서 미국 네브래스카까지 약 2,000킬로미터를 잇는 송유관을 통해 석유를 운송할 계획이었습니다. 다행히도 10년 넘게 지속된 논쟁 끝에 마침내 2021년에 이 프로젝트는 중단되었지만 이와 유사한 파이프라인 프로젝트가 여전히 진행 중입니다. 석유 누출 및 유출은 육지와 해안에 막대한 위협이 됩니다. 1989년 알래스카 해안에서 발생한 엑손 발데즈 유조선 유출 사고로 프린스 윌리엄 해협과 수 킬로미터의 해안선이 4,164만 리터의 원유로 뒤덮였습니다.

수압 파쇄법

수압 파쇄는 땅을 뚫고 고압의 액체를 셰일 암석에 주입하여 균열을 만들어서 가스와 석유를 추출하는 새로운 방법입니다. 미국에서는 수압 파쇄법을 통해 국내 석유 생산량을 증가시키고 가스 가격을 낮추는 효과를 얻었습니다. 그러나 수압 파쇄법은 물을 많이 사용해 지역 수원을 오염시키고, 지진 활동과 지구 진동에 잠재적 영향을 일으킬 수도 있습니다.[4]

우리의 역할

우리가 가장 먼저 시도할 수 있는 일 중 하나는 우리의 탄소 발자국을 계산해 보는 것입니다. 이를 통해 일상에서 온실가스를 가장 많이 배출하는 일은 무엇인지, 생활 습관에 어떤 변화를 주면 가장 효과적인 변화를 일으킬 수 있는지 파악할 수 있습니다. 환경보호청(EPA)의 온라인 계산기를 포함해 탄소 발자국을 계산할 수 있는 온라인 도구가 다양하게 나와 있습니다.[5]

재생에너지

전 세계에는 여전히 7억 명 이상의 사람들이 전기를 제대로 공급받지 못하고 있으며,[6] 그들의 삶을 개선하기 위해서는 에너지가 필요합니다. 하지만 이제 화석 연료는 미래로 나아갈 수 있는 방법이 아닙니다. 새로운 곳에서 원유를 시추하고, 이를 운송하기 위해 값비싼 인프라를 구축하는 일보다 더 경제적이고 깨끗하며 안전한 대안이 있습니다.

재생에너지(청정에너지)는 햇빛, 바람, 물, 지열 등 탄소를 배출하지 않는 천연자원에서 얻는 에너지를 의미합니다. 재생에너지는 충분히 주목할 만하며 지속해서 효율성이 개선되고 성장하고 있는 분야입니다. 개발도상국을 위해 청정에너지에 투자하고 사용할 수 있도록 개발하는 것은 매우 가치 있는 일입니다. 재생에너지는 사람과 지구를 위해 더 나은 일자리와 새로운 비즈니스를 창출할 것입니다. 이제는 이를 실현할 때입니다.

지구의 '자연스러운' 해결책

재생에너지로 전환하는 것은 절반의 해결책에 불과합니다. 재생에너지로의 전환이 현재 배출되는 이산화탄소를 멈출 수는 있지만, 이미 대기 중으로 방출된 무수히 많은 이산화탄소는 어떻게 해야 할까요? 답은 지구 자체에 있습니다. 지구에는 습지, 나무, 식물, 풀, 해초, 해조류, 다시마, 토양 등 탄소를 흡수하고 포집하는 자연적인 메커니즘이 이미 마련되어 있습니다. 이를 "탄소 흡수원"이라고 합니다. 식물은 광합성을 통해 탄소를 포집하고, 미생물과 곰팡이는 식물을 분해해 토양에 탄소를 가둡니다. 숲을 되살리고 습지를 복원하며, 다시마 숲과 해초 밭을 보호하고, 재생농업으로 전환하는 것은 지구의 오랜 역사 속에서 지속되어 온 해결책이자 우리 세대의 가장 큰 과제인 기후 변화에 대한 해답이기도 합니다. 용기를 내세요, 우리는 할 수 있습니다. 맑고 푸른 지구는 우리가 물려받은 유산이자 미래 세대에 전해 줘야 할 우리의 책임입니다.

성경적 관점

하나님은 남극에서 북극에 이르기까지 지구가 거대한 기후 시스템 안에서 긴밀하게 연결되도록 설계하셨습니다. 우리가 집에서 하는 일조차도 극지방과 전 세계에서 일어나는 일에 연결되어 영향을 미칩니다. 따라서 탄소를 배출하는 우리의 생활 습관은 그저 개인의 선택으로 국한되지 않고 전 세계의 빈곤한 지역, 특히 개발도상국에 큰 고통을 주는 문제입니다. 가난한 지역민은 기후 변화로 인해 심해진 허리케인, 화재, 가뭄, 홍수 등의 각종 기후 재난에 대처할 수 있는 자원이 부족합니다.

빠르게 변화하는 극지방의 생태계와 전 세계 지역사회의 운명에 대해 우리는 물리적 거리와 상관없이 책임을 느껴야 합니다. 그리스도인으로서 우리는 우리의 일상이 다른 이들에게 미치는 영향을 무시할 수 없습니다. 우리는 하나님을 심히 불쾌하게 하는 "땅을 망하게 하는 자"(계 11:18)가 아니라 땅을 기업으로 받을 온유한 자(마 5:5)로 거듭나야 합니다. 석유 소비를 줄이고 재생에너지를 사용하여 세상을 복원하기 위해 함께 노력합시다.

두려움에 흔들리지 않기

 기후 변화를 확신하지 못하는 경우에도 대기 오염, 수질 문제, 석유 시추의 위험 그리고 기후 재난 등 다양한 이유로 재생에너지로의 전환을 선택할 수 있습니다. 우리에게 중요한 것이 무엇인지 고려하고, 어떤 변화를 일으킬 수 있을지 결정합시다. 두려움 때문에 행동을 바꾸기보다 단단한 신념을 바탕으로 행동을 변화시키세요. 신념은 하나님과 그분의 세상에 대한 사랑에서 비롯되기 때문에 꾸준하고 강력한 동기 부여가 됩니다.

창조 세계의 구속

 로마서 8장 22절은 창조가 그리스도를 통해 구속으로 향하는 피날레의 일부임을 상기시킵니다. "피조물이 다 이제까지 함께 탄식하며 함께 고통을 겪고 있는 것을 우리가 아느니라." 환경적 재앙, 질병의 발생, 빙하의 감소, 기근, 홍수에서 이를 확인할 수 있습니다. 예수님은 치유와 회복을 시작하기 위해 이 땅에 오셨고, 우리가 그리스도의 재림으로 완전한 구속을 얻으면, 다음 말씀이 이루어질 것입니다. "피조물도 썩어짐의 종 노릇한 데서 해방되어 하나님의 자녀들의 영광의 자유에 이르는 것이니라"(롬 8:21). 이것이 우리의 희망이며, 복음의 원대한 계획입니다. 새롭게 하시는 성령님이 남극부터 북극까지, 우주의 모든 구석구석에 임하셔서 창조 세계의 최종적이고 완전한 구속으로 주님의 영광을 드러내실 것입니다.

 무엇보다 우리가 그리스도 안에서 부르신 그 부르심에 반응할 때, 우리는 이 땅과 공동체의 치유자로 거듭날 것입니다. 세상은 두려움과 절망에 빠져 있습니다. 우리는 세상이 이 땅에 적극적으로 개입하시고, 구원하시

> **새롭게 하시는 성령님이 남극부터 북극까지, 우주의 모든 구석구석에 임하셔서 창조 세계의 최종적이고 완전한 구속으로 주님의 영광을 드러내실 것입니다.**

고, 구속하시는 하나님을 소망하고 믿을 수 있도록 격려할 필요가 있습니다. 기후 재난 뉴스가 가득하고 온 땅에 두려움이 팽배한 시기에 우리는 아픔을 돌보며 고군분투하고 있는 피조물들을 향해 나아갈 기회를 얻었습니다.

오늘날 우리가 이 땅에서 하는 회복의 일은 예수님이 다시 오실 때에 우리 자신과 다른 사람들이 살아갈 새 하늘과 새 땅을 바라볼 수 있도록 도와줍니다. 미래에 이 땅에 드러날 하나님 나라는 하나님이 원래 계획하신 대로 모든 피조물이 고통, 부패, 탐욕 없이 번성하는 곳입니다. 아무도 굶주리지 않고 죽지도 않을 것입니다. 대신 우리는 모두 각자의 방식으로 우리가 하는 모든 일상 속에서 참된 예배를 경험하게 될 것입니다. 새 창조에 대한 소망은 영원한 세계가 올 때까지 지구와 사람을 돌보는 중요한 일을 맡은 우리를 굳건하게 붙들어 줄 것입니다.

모두를 위한 지혜

가정에서 탄소 발자국을 줄여 나가요.

가정에서는 주로 난방과 냉방, 요리, 세탁 등에 에너지가 소비됩니다. 작은 변화와 에너지 절약 프로젝트를 통해 가정에서 탄소 배출량을 줄이고 각종 에너지 사용도 절감할 수 있습니다.

우리 집 에너지 사용량을 주기적으로 점검해요.

- 스스로 에너지 소비량을 평가하고 에너지 낭비를 줄여 집에서 효율적으로 에너지를 사용할 수 있도록 도와주는 에너지 점검 도구를 여러 천연자원 기관과 에너지 업체에서 제공하고 있습니다.

집 단열을 보강하여 냉난방 에너지 낭비를 막아요.

- 효과적인 단열은 냉난방 에너지의 낭비를 막아 줍니다. 창문, 지붕, 문, 벽, 바닥에 단열재를 설치해 집 안팎으로 드나드는 불필요한 공기의 흐름을 차단하세요.[7]
- 실내외 온도 차이를 최대한 적게 유지하는 것이 에너지 절감에 도움이 됩니다.[8]
- 에너지 효율이 높은 스마트 온도 조절기를 사용하면 탄소 배출과 에너지 비용을 줄이는 데 효과적입니다.

가전 제품의 에너지 사용량을 줄여요.

- 세탁한 빨래는 건조기 대신 선반이나 빨랫줄에 널어 말리세요.
- 사용하지 않는 조명과 전자 제품은 끄고 플러그를 뽑아 에너지 소비를 줄이세요.
- 에어컨을 켜는 대신 창문을 열거나 선풍기를 사용합시다.

과일, 채소, 콩류를 충분히 섭취해요.

- 육류 섭취를 줄이는 것은 탄소 배출 감축에 큰 도움이 됩니다. 특히 육류 위주의 서양식 식단은 전 세계 메탄가스 배출량의 5분의 1을 차지합니다.[9]

- 소는 많은 양의 메탄가스를 대기 중으로 배출합니다. 대규모 삼림 벌채의 배후에는 브라질 같은 곳의 대규모 축사가 있으며, 이산화탄소를 효과적으로 흡수하려면 잘려 나갈 그 나무들이 필요합니다. 햄버거 등 육류 섭취를 줄이고 윤리적 기업의 제품을 구매하는 것은 지구를 위해 가치 있는 선택입니다.
- 육류 섭취를 줄이기 어렵다면, 친환경 농장에서 생산된 고기를 구매하세요. 이들은 흙의 건강을 유지하고 탄소를 포집하는 데 도움이 되는 방식으로 가축을 관리합니다.[10]

친환경 정원을 가꿔요.

- 마당에 나무와 토종 식물을 심으세요. 모든 식물은 공기 중 이산화탄소를 흡수해 자신의 뿌리, 잎, 줄기에 저장합니다.
- 과일나무나 산딸기류 관목을 키우면 바로 수확한 신선한 먹거리를 얻을 수 있습니다. 이는 건강에도 좋고, 기후에도 도움이 되는 일입니다.
- 미국 산림청에 따르면 나무는 미국의 연간 화석 연료 배출량의 10-20퍼센트를 흡수합니다.[11] 현재 탄소 포집 기술이 개발되고 있지만, 우리에게는 이미 나무라는 천연 탄소 포집기가 있습니다!

탄소 발자국을 줄여 주는 교통수단을 선택해요.

우리가 자주 이용하는 다양한 교통수단은 우리 삶에 깊이 자리 잡은 필수 요소입니다. 탄소 배출을 줄일 수 있는 교통수단을 선택하는 습관을 들이면 다른 사람에게 모범을 보일 수 있습니다.

항공편 이용 횟수를 줄여요.

- 꼭 필요한 경우에만 비행기를 이용하고, 가능한 한 온라인 플랫폼을 통해 회의나 미팅에 참석합니다.
- 현재 많은 항공사에서 비행 중에 발생하는 탄소 배출에 대해 여행자가 스스로 소정의 수수료를 내서 탄소 배출을 줄이는 프로젝트에 지원할 수 있는 옵션을 제공하고 있습니다.

자전거를 자주 타요.
- 자전거는 탄소 배출이 없으면서 건강하고 활동적인 대안입니다. 직장이나 학교 및 기타 가까운 목적지는 자전거를 이용하세요.

대중교통이나 카풀을 이용해요.
- 이웃이나 동료들과 카풀을 하거나 대중교통을 이용하세요. 도로에 차가 적을수록 배기가스 배출량이 줄어듭니다.

전기 자동차(EV)를 운전해요.
- 전기차는 온실가스 배출을 줄여 줍니다. 특히 전기 에너지원이 재생 가능한 에너지일 더욱 그러합니다.
- 휘발유 자동차를 전기차로 바꾸면, 기존 전력망으로 전력을 공급받는 경우 탄소 배출량을 50퍼센트까지 줄일 수 있고, 태양 에너지로 전력을 공급받는 경우 95퍼센트까지 줄일 수 있습니다.[12]

재생에너지 옵션을 사용해 탄소 발자국을 줄여 나가요.

가정에서 사용하는 모든 에너지를 재생에너지로 전환하지 않으면 결국 온실가스가 배출됩니다. 미국의 전력 공급은 기존 에너지(석탄, 원자력, 석유, 천연가스)와 재생에너지 또는 친환경 전력(시간이 지나도 고갈되지 않고 지속해서 보충되는 에너지원)으로 나뉩니다.

가정에서 친환경 전력을 사용해요.
- 전력 생산은 전 세계 온실가스 배출량의 25퍼센트를 차지합니다.[13]
- 성장과 가용성이 유망한 몇 가지 주요 재생 가능 에너지 옵션에는 태양광, 풍력, 지열 에너지가 있습니다.
- 지역별로 인증 및 검증된 친환경 전력 옵션이 안내된 Green-e 웹사이트를 참고해 보세요.
- 집에 태양광 패널을 설치하세요. 거주 지역의 태양광 발전에 대한 지역의 지원 혜택을

알아보세요. 집에서 실천하는 재생에너지 발전의 롤 모델이 될 수 있습니다.

재생에너지로의 전환에 힘을 더해요.
- ▶ 개인의 에너지 습관도 중요하지만, 에너지 업계는 화석 연료에 의존하는 거대한 구조를 가지고 있습니다. 석유에서 재생 가능한 에너지원으로 전환하려면 해결해야 할 문제도 많습니다. 하지만 우리는 공정하고 신속한 전환을 위해 목소리를 낼 수 있습니다.

화석 연료 업계 노동자들을 위해 재생에너지 분야의 일자리를 확보해요.
- ▶ 기존 화석 연료 업계에서 생계를 유지하는 노동자들이 재생에너지로의 전환에 대비할 수 있도록 교육하고, 전환 과정에서 노동자들에게 필요한 조항을 마련하는 정책을 지지하세요.
- ▶ 지자체 지도자들이 에너지 효율이 높은 새로운 주택 건설과, 새로운 전기차 충전소 설치, 누출되는 석유 및 가스 유정의 봉쇄를 장려하여 수백만 개의 새로운 일자리를 창출할 수 있도록 독려하세요.

해양 석유와 가스 개발에 반대해요.
- ▶ 해양 석유와 가스 시추 신규 임대를 중단하면 190억 톤 이상의 온실가스가 대기 중으로 방출되는 것을 방지할 수 있습니다.[14]
- ▶ 지역사회에서 진행되는 파쇄, 시추 및 기타 화석 연료와 관련된 활동을 조사하고 알아보세요. 그래서 새로운 에너지 프로젝트가 진행 허가를 기다리고 있을 때, 그 에너지 프로젝트가 정말로 필요한지, 지역사회에 도움이 되는지, 그 자금과 노력을 더 깨끗한 옵션에 투자하는 것은 어떤지 의견을 제시하세요.

파리 협정을 지지해요.
- ▶ 파리 협정에 따라 미국은 2005년 수준 대비 10년이 지나기 전에 탄소 배출량을 절반 이하로 줄이기로 약속했습니다. 우리는 약속을 지키기 위해 최선을 다해야 하며, 특히 현재까지 대부분의 배출량에 책임이 있는 국가로서 모범을 보여야 합니다. 또 각국 대표들에게 우리가 배출량 감축에 대한 국가의 성과와 리더십에 관심을 두고 지켜보고

있다는 사실을 알려야 합니다.

기후 변화 문제를 이야기해요.
- 친구나 가족과 함께 다큐멘터리를 시청하거나 팟캐스트를 들으며 서로의 생각을 토론해보세요. "How to Save a Planet", "Hot Take", "Drilled", "Yale Climate Connections", "Warming Signs" 등의 팟캐스트 방송을 추천합니다.[15]
- 캐서린 헤이호 박사의 "Global Weirding" 유튜브 채널에서 여러 질문과 문제에 대한 명확하고 유용한 통찰을 들어보세요. 다른 사람들과 정보를 공유하고 필요한 때에 도움을 줄 수 있도록 우리가 먼저 지식과 정보를 준비합시다.

기름이 유출되면 함께 청소해요.
송유관 파열, 시추 작업 중 폭발, 유조선 난파는 모두 기름 유출 재난으로 이어집니다. 기름이 유출되면 해달, 바다거북, 펠리컨, 돌고래, 고래 등 수많은 해양 생물이 기름에 둘러싸이거나 기름을 잘못 섭취하여 저체온증, 중독, 질식 등의 피해를 입으며 그 결과 죽음에 이르기도 합니다. 기름 유출은 생태계와 어업 및 관광 경제에 큰 타격을 주며, 복구하기까지 수십 년이 걸릴 수 있습니다.

기름 유출 방제 지원 방법이 있습니다.
- 자연환경에 유출된 기름을 제거하기 위해서는 전문적인 훈련과 기술이 필요합니다. 전문적인 지식과 훈련이 없이는 도움을 주려고 했다가 자칫 추가적인 피해를 주게 될 수 있기 때문입니다. 훈련된 인력만이 해양 생물을 구조하고 복원할 수 있습니다.
- 기름 유출 사고가 발생하면 대규모 기름 청소가 시작되기 전에 쓰레기 및 기타 잔해물 수거나 장비 세척, 또는 행정 업무를 도와줄 자원봉사자가 필요할 수 있습니다. 기름 유출 사고 발생 시 정부에서 운영하는 자원봉사 프로그램을 확인하세요.
- 초기 방제 후에도 기름이 환경에 남아 있으므로 완전히 복구하려면 복원 프로젝트가 필요합니다.

기후 대응을 위해 노력하는 비영리단체를 지원하세요.

다음 단체들은 기후 대응을 위해 좋은 일을 하고 있습니다
- World Relief는 재생에너지, 지역사회 구축, 기후 난민(해수면 상승, 가뭄, 기타 기후 관련 위기로 인해 난민이 된 지역사회)에 중점을 두고 있습니다.
- Convoy of Hope는 재난 구호 및 대비 분야에서 활동합니다.
- World Renew는 자연재해 대응, 재생에너지, 식량 불안정 분야에서 가족 중심의 지역사회 개발에 초점을 맞추어 돕고 있습니다.
- 신앙에 기반한 기후 정책 옹호에 참여하려면 Evangelical Environmental Network (복음주의 환경 네트워크)와 YECA(기후 행동을 위한 젊은 복음주의자)를 확인하세요.

그리스도께서 너희를 사랑하신 것같이 너희도 사랑 가운데서 행하라
그는 우리를 위하여 자신을 버리사 향기로운 제물과 생축으로 하나님께 드리셨느니라
_ 에베소서 5:2

미주

1장 담수

1. "1 in 3 People Globally Do Not Have Access to Safe Drinking Water— UNICEF,WHO," World Health Organization, June 18, 2019, https://www.who.int/news/item/18-06-2019-1-in-3-people-globally-do-not-have-access-to-safe-drinking-water-unicef-who.
2. Melisa Denchak, "Flint Water Crisis: EveryThing You Need to Know," NRDC.org, November 8, 2018, https://www.nrdc.org/stories/flint-water-crisis-everything-you-need-know.
3. Meera Subramanian, "India's Terrifying Water Crisis," *New York Times*, July 15, 2019, https://www.nytimes.com/2019/07/15/opinion/india-water-crisis.html.
4. Anthony Acciavatti, "The Ganges Water Crisis," *New York Times*, June 17, 2015, https://www.nytimes.com/2015/06/18/opinion/the-ganges-water-crisis.html; Simon Scarr, Weiyi Cai, Vinod Kumar, and Alasdair Pal, "TheRace to Save the River Ganges," Reuters.com, January 18, 2019, https://graphics.reuters.com/INDIA-RIVER/010081TW39P/index.html.
5. 한국해양과학기술진흥원(KIMST)에 따르면, 캘리포니아 남부 해안의 바닷물 10m당 미세플라스틱 수는 10개, 북태평양 아열대 한류는 100-1,000개, 우리나라 남해안은 1,000-1만 개로, 국내 해변의 미세플라스딕량이 전 세계에서 가장 높은 수준으로 확인되었습니다. _옮긴이
6. 일명 '줍깅', '쓰줍', '플로깅'이라고 합니다. _옮긴이
7. 라벤더나 로즈마리와 같은 외국 허브보다는 우리나라의 땅과 기후에 잘 적응할 수 있는 한국형 허브들이 있습니다. 대표적인 예로 배초향(방아풀, 방아), 꽃향유, 백리향, 박하(외국에서 들여왔으나 토종화됨), 초피나무(제피, 동아시아 원산지이나 토종화됨), 산국, 익모초, 짚신나물, 창포 등이 있습니다. _옮긴이

2장 멸종위기종

1. Sandra Díaz et al., "Summary for Policymakers of the Global Assessment Reporton Biodiversity and Ecosystem Services of the Intergovernmental Science-PolicyPlatform on Biodiversity and Ecosystem Services," https://www.mari-odu.org/academics/2018su_Leadership/commons/library/Summary%20for%20Policymakers%20IPBES%20Global%20Assessment.pdf.
2. Sandra Díaz et al., "Summary for Policymakers of the Global Assessment Report on Biodiversity and Ecosystem Services of the Intergovernmental Science-PolicyPlatform on Biodiversity and Ecosystem Services," https://www.mari-odu.org/academics/2018su_Leadership/commons/library/Summary%20for%20Policymakers%20IPBES%20Global%20Assessment.pdf.
3. Gerardo Ceballos, Paul R. Ehrlich, and Peter H. Raven, "Vertebrates on the Brinkas Indicators of Biological Annihilation and the Sixth Mass Extinction," PNAS 117, no. 24 (June 2020): 13596–13602, https://doi.org/10.1073/pnas.1922686117.
4. 우리가 사용하는 의약품은 대부분 식물계와 균계에서 얻고 있으며, 이 중 40퍼센트는 합성 화학으로는 얻기 불가능하다고 합니다. 또한, 아직 발견되지 않은 천연자원도 많이 존재합니다. _옮긴이
5. Kate Garibaldi, "Sea Otters," Defenders of Wildlife, Accessed September 2021, https://defenders.org/wildlife/sea-otter.
6. "Tigers Only Found in Zoos by 2030?" Endangered Species International, https://www.endangeredspeciesinternational.org/tigers.html. Accessed September 2021.
7. "Snow Leopard Range Map," Snow Leopard Conservancy, 2011, https://snowleopardconservancy.org; "Action for Snow Leopards," *IUCN*, August 14, 2020, https://www.iucn.org.
8. "Threats to African Elephants," World Wildlife Fund, accessed August 26, 2021, https://wwf.panda.org/discover/knowledge_hub/endangered_species/elephants/african_elephants/afelephants_threats/?.
9. "Poaching for Rhino Horn," Save the Rhino, accessed August 26, 2021, https://www.savetherhino.org/rhino-info/threats/poaching-rhino-horn/.
10. Muhammad Adnan Shereen, Suliman Khan, Abeer Kazmi, Nadia Bashir, andRabeea Siddique, "COVID-19 Infection: Emergence, Transmission, andCharacteristics of Human Coronaviruses," *Journal of Advanced Research 24* (July 2020):91–98, https://doi.org/10.1016/j.jare.2020.03.005.

11. Ping Liu et al., "Are Pangolins the Intermediate Host of the 2019 NovelCoronavirus (SARS-CoV-2)?" *PLOS Pathogens* 16, no. 5 (May 2020): e1008421, https://doi.org/10.1371/journal.ppat.1008421.
12. "Giant Goldfish Problem in US Lake Prompts Warning to Pet Owners," BBC News, July 13, 2021, https://www.bbc.com/news/world-us-canada-57816922.
13. US Wildlife Trafficking Alliance, US Fish & Wildlife Service, World Wildlife Fund, and TRAFFIC, *Caribbean Traveler's Guide*, https://www.fws.gov/program/international-affairs.

3장 산과 광물

1. "Rocks and Minerals: Everyday Uses," Museum of Natural and Cultural History, accessed August 26, 2021, https://mnch.uoregon.edu/rocks-and-minerals-everyday-uses.
2. Megan R. Nichols, "5 Ways to Make Mining More Sustainable," Empowering Pumps and Equipment, February 18, 2020, https://empoweringpumps.com/5-ways-to-make-mining-more-sustainable/.
3. "Green Mining," Mission 2016: The Future of Strategic Natural Resources, MIT, 2016, https://web.mit.edu/12.000/www/m2016/finalwebsite/solutions/greenmining.html.
4. Michael Standaert, "China Wrestles with the Toxic Aftermath of Rare EarthMining," *Yale Environment 360*, July 2, 2019, https://e360.yale.edu/features/china-wrestles-with-the-toxic-aftermath-of-rare-earth-mining.
5. Richard Schiffman, "A Troubling Look at the Human Toll of Mountaintop RemovalMining," *Yale Environment 360*, November 21, 2017, https://e360.yale.edu/features/a-troubling-look-at-the-human-toll-of-mountaintop-removal-mining; SarahSaadoun, "The Coal Mine Next Door: How the US Government's Deregulationof Mountaintop Removal Threatens Public Health," Human Rights Watch,December 10, 2018, https://www.hrw.org/report/2018/12/10/coal-mine-next-door/how-us-governments-deregulation-mountaintop-removal-threatens.
6. "Behind the Bling: Forced and Child Labour in the Jewellery Industry," WorldVision Australia, accessed September 7, 2021, https://www.worldvision.com.au/docs/default-source/buy-ethical-fact-sheets/7185_dtl_factsheet_jewellery_lr.pdf?sfvrsn=2.
7. 이를 도시광산으로 표현하기도 하는데 도시광산이란 1980년대 일본에서 처음 사용된 개념으로, 도시에서 광물을 채취한다는 의미입니다. PC, 노트북, 휴대전화, 폐전자 제품 등에서 금, 은과 같은 소량으로 널리 분포된

희귀금속 자원을 모으면 양적으로 광산에 맞먹는다는 뜻입니다. 예를 들어, 금광석 1톤에서는 5g의 금을 채취할 수 있지만, 휴대전화 1톤에서는 150g의 금과 1.5kg의 은을 회수할 수 있습니다. _옮긴이

8. "Electronics Donation and Recycling," Environmental Protection Agency, accessedAugust 26, 2021, https://www.epa.gov/recycle/electronics-donation-and-recycling.

9. Jo Becker and Juliane Kippenberg, "The Hidden Cost of Jewelry: Human Rights inSupply Chains and the Responsibility of Jewelry Companies," Human Rights Watch,February 8, 2018, https://www.hrw.org/report/2018/02/08/hidden-cost-jewelry/human-rights-supply-chains-and-responsibility-jewelry.

10. Becker and Kippenberg, "The Hidden Cost of Jewelry."

4장 공기와 하늘

1. National Geographic Society, "Light Pollution," *National Geographic*, July 23, 2019, https://www.nationalgeographic.org/article/light-pollution/.

2. "Visibility and Regional Haze," Environmental Protection Agency, accessedAugust 26, 2021, https://www.epa.gov/visibility.

3. United Nations Environment Programme, "Towards a Pollution-Free Planet:Background Report," UN Environment, September 2017, https://wedocs.unep.org/bitstream/handle/20.500.11822/21800/UNEA_towardspollution_long%20version_Web.pdf?sequence=1&isAllowed=y.

4. Bruce Bekkar, MD; Susan Pacheco, MD; Rupa Basu, PhD; et al, "Associationof Air Pollution and Heat Exposure with Preterm Birth, Low Birth Weight,and Stillbirth in the US," *Journal of the American Medical Association,* published June 18, 2020, https://jamanetwork.com/journals/jamanetworkopen/fullarticle/2767260?utm_source=For_The_Media&utm_medium=referral&utm_campaign=ftm_links&utm_term=061820.

5. Rachel M. Shaffer, Magali N. Blango, Ge Li, Sara D. Adar, Marco Carone, AdamA. Szpiro, Joel D. Kaufman, Timothy V. Larson, Eric B. Larson, Paul K. Crane, andLianne Sheppard, "Fine Particulate Matter and Dementia Incidence in the AdultChanges in Thought Study," *Environmental Health Perspectives*, Vol. 129, No. 8,Published August 4, 2021, https://ehp.niehs.nih.gov/doi/10.1289/EHP9018.

6. "Air Pollution," WHO, accessed August 26, 2021, https://www.who.int/health-topics/air-pollution#tab=tab_1.

7. "Air Pollution," WHO.
8. Marcel Theroux, "The World's Dirtiest Air," Unreported World, April 29, 2018, YouTube video, 23:50, https://youtu.be/kUNuHxrd7Y0.
9. "Air Pollution," WHO.
10. "Air Pollution," WHO.
11. Miranda Green, "EPA Scientists Find Black Communities Disproportionately Hit byPollution," *The Hill*, February 23, 2018, https://thehill.com/policy/energy-environment/375289-epa-scientists- find- emissions- greater- impact- low- income-communities.
12. Jeff McMahon, "Electric Vehicles Cost Less Than Half as Much to Drive," *Forbes*, January 14, 2018, https://www.forbes.com/sites/jeffmcmahon/2018/01/14/electric-vehicles-cost-less-than-half-as-much-to-drive/?sh=27775ec23f97.

5장 숲

1. "UN Report: Nature's Dangerous Decline 'Unprecedented'; Species ExtinctionRates 'Accelerating,'" *Sustainable Development Goals* (blog), UN, May 6, 2019, https://www.un.org/sustainabledevelopment/blog/2019/05/nature-decline-unprecedented-report/.
2. "Yale Experts Explain Healthy Forests," Yale Office of Sustainability, December 16, 2020, https://sustainability.yale.edu/explainers/yale-experts-explain-healthy-forests?utm_source=YaleToday&utm_medium=Email&utm_campaign=YT_YaleToday-Students_12-22-2020.
3. Mikaela Weisse and Elizabeth Dow Goldman, "We Lost a Football Pitch ofPrimary Rainforest Every 6 Seconds in 2019," World Resources Institute, June 2, 2020, https://www.wri.org/insights/we-lost-football-pitch-primary-rainforest-every-6-seconds-2019.
4. "Forests and Poverty Reduction," Food and Agriculture Organization of the UnitedNations, last updated May 15, 2015, https://www.fao.org/4/ag131e/ag131E06.htm.
5. "Deforestation and Forest Degradation," World Wildlife Fund, accessedAugust 26, 2021, https://www.worldwildlife.org/threats/deforestation-and-forest-degradation.
6. Domingos Cardoso et al., "Amazon Plant Diversity Revealed by a TaxonomicallyVerified Species List," PNAS 114, no. 40 (October 2017): 10695–10700, https://doi.org/10.1073/pnas.1706756114.

미주

7. *Encyclopedia Britannica*, s.v. "Amazon Rainforest," accessed August 27, 2021, https://www.britannica.com/place/Amazon-Rainforest.
8. "Deforestation and Forest Degradation," World Wildlife Fund.
9. Gregory S. Cooper, Simon Willcock, and John A. Dearing, "Regime Shifts OccurDisproportionately Faster in Larger Ecosystems," Nature Communications 11, no. 1175 (March 2020), https://www.nature.com/articles/s41467-020-15029-x.
10. Fen Montaigne, "Will Deforestation and Warming Push the Amazon to a TippingPoint?" *Yale Environment 360*, September 4, 2019, https://e360.yale.edu/features/will-deforestation-and-warming-push-the-amazon-to-a-tipping-point; Carlos A.Nobre et al., "Land- use and Climate Change Risks in the Amazon and the Need ofa Novel Sustainable Development Paradigm," PNAS 113, no. 39 (September 2016):10759–10768, https://doi.org/10.1073/pnas.1605516113.
11. Robert Toovey Walker et al., "Avoiding Amazonian Catastrophes: Prospectsfor Conservation in the 21st Century," *One Earth*, vol. 1, no. 2 (October 2019):202–215, https://doi.org/10.1016/j.oneear.2019.09.009.
12. "Tree of Life," Bible Project, accessed August 27, 2021, https://bibleproject.com/learn/tree-of-life/.
13. Gabrielle Kissinger, Martin Herold, and Veronique De Sy, "Drivers of Deforestationand Forest Degradation: A Synthesis Report for REDD+ Policymakers," LexemeConsulting, August 2012, https://assets.publishing.service.gov.uk/government/uploads/system/uploads/attachment_data/file/65505/6316-drivers-deforestation-report.pdf.
14. "Fairtrade Four," Fairtrade America, accessed August 27, 2021, https://www.fairtradeamerica.org/for-media/fairtrade-four/.
15. "7 Everyday Foods from the Rainforest," Rainforest Alliance, last updatedSeptember 16, 2017, https://www.rainforest-alliance.org/articles/7-everyday-foods-from-the-rainforest.
16. 언리미티드, 베지푸드, 소이마루, 고기대신, 인테이크와 같은 대체육 스타트업기업과 풀무원의 런천미트, 오뚜기의 언튜나, CJ의 플랜테이블, 농심의 베지가든 등이 있습니다. _옮긴이
17. "The Search for Sustainable Palm Oil," Rainforest Alliance, last updatedAugust 5, 2019, https://www.rainforest-alliance.org/articles/search-for-sustainable-palm-oil.
18. "Recycling of Old Newspapers and Mechanical Papers Graph," American Forest &Paper Association,

August 20, 2021, https://www.afandpa.org/statistics-resources/resources.

19. "Tropical Forests in Our Daily Lives," Rainforest Alliance, last updatedDecember 5, 2017, https://www.rainforest-alliance.org/articles/tropical-forests-in-our-daily-lives.

6장 토양

1. "24 Billion Tons of Fertile Land Lost Every Year, Warns UN Chief on World Day toCombat Desertification," *UN News*, June 16, 2019, https://news.un.org/en/story/2019/06/1040561.
2. Kevin Dennehey, "New Online Forest Atlas Tracks State of Global Forests," *YaleSchool of the Environment*, December 18, 2014, https://environment.yale.edu/news/article/new-online-forest-atlas-to-share-story-of-resources-worldwide.
3. David Pimentel, "Soil Erosion: A Food and Environmental Threat," *Journal of theEnvironment, Development and Sustainability*, 8 (February 2006): 119–137, hhttps://link.springer.com/article/10.1007/s10668-005-1262-8.
4. "Part 1: Food Security and Nutrition Around the World in 2020," Food andAgriculture Organization of the UN, accessed August 27, 2021, http://www.fao.org/3/ca9692en/online/ca9692en.html#chapter-1_1.
5. "Part 1: Food Security and Nutrition," Food and Agriculture Organization of the UN, http://www.fao.org/3/ca9692en/online/ca9692en.html#chapter-1_1.
6. Eric Holt-Giménez, Annie Shattuck, Miguel A. Altieri, Steve Gliessman, and HansHerren, "We Already Grow Enough Food for 10 Billion People… and Still Can'tEnd Hunger," *Journal of Sustainable Agriculture*, vol. 36, no. 6 (July 2012): 595–598, https://doi.org/10.1080/10440046.2012.695331.
7. H. Charles J. Godfray et al., "Food Security: The Challenge of Feeding 9 BillionPeople," *Science*, vol. 327, no. 5967 (February 2010): 812–818, https://doi.org/10.1126/science.1185383.
8. 유기농 식품을 선택할 때는 유기농 및 무농약 인증 마크를 확인하는 것이 도움이 됩니다. 생활협동조합(생협), 한살림, 자연드림 등 생활협동조합의 제품을 구매하는 것도 좋은 방법입니다. _옮긴이
9. 자신이 살고 있는 지역의 로컬푸드 협동조합을 찾아보세요. _옮긴이
10. "Food Waste in America in 2021: Statistics and Facts," RTS, accessedAugust 27, 2021, https://www.rts.com/resources/guides/food-waste-america/.

11. "Grocery Industry Launches New Initiative to Reduce Consumer Confusion onProduct Date Labels," Consumer Brands Association, February 15, 2017, https://consumerbrandsassociation.org/posts/grocery-industry-launches-new-initiative-to-reduce-consumer-confusion-on-product-date-labels/.
유럽, 미국, 일본, 호주, 캐나다 등 대부분의 OECD(경제협력개발기구) 국가와 국제식품규격위원회(CODEX)에서는 식량 낭비 감소와 소비자에게 명확한 정보 제공을 목적으로 소비기한 표시제를 운영하고 있습니다. 이는 생산자 중심의 유통기한 대신 소비자 중심의 섭취 가능한 기간을 표시하는 제도로, 우리나라는 2023년 1월 1일부터 소비기한 표시제를 시행하고 있습니다. _옮긴이
12. 생산지에서 버려지는 농산물은 전 세계 식량 생산량의 약 15-20%에 이릅니다. 이러한 농산물이 버려지는 이유는 농산물 표준 규격, 즉 크기와 모양에 맞지 않기 때문입니다. 생산지에서 버려질 위기에 놓인 농산물을 직배송으로 거래할 수 있는 곳도 있습니다. 대표적으로 국내에는 어글리어스, 예스어스가 있으며, 직배송 가능한 생산지(예: 언니네 텃밭 등)를 찾아 먹거리를 직거래해 보세요. 이를 통해 먹거리에 대한 신뢰도와 신선도를 높일 수 있습니다. _옮긴이
13. 기업 및 개인으로부터 식품을 기부받아 결식아동, 독거노인 등 저소득 소외계층을 지원하는 제도입니다. _옮긴이
14. 우리나라의 경우에는 밥퍼(다일공동체), 5K운동본부 등이 있습니다. _옮긴이
15. "Facts and Figures about Materials, Waste and Recycling: Nondurable Goods:Product- Specific Data," United States Environmental Protection agency, LastUpdated August 26, 2021, https://www.epa.gov/facts-and-figures-about-materials-waste-and-recycling/nondurable-goods-product-specific-data#ClothingandFootwear.

7장 꽃가루 매개자

1. Simon G. Potts et al., "Summary for Policymakers of the Assessment Report of theIntergovernmental Science- Policy Platform on Biodiversity and Ecosystem Serviceson Pollinators, Pollination and Food Production" (Bonn, Germany: IPBES, 2016), https://ipbes.net/sites/default/files/spm_deliverable_3a_pollination_20170222.pdf.
2. Jeff Ollerton, Rachael Winfree, and Sam Tarrant, "How Many Flowering Plants ArePollinated by Animals?" Oikos 120, no. 3 (March 2011): 321–326, https://nsojournals.onlinelibrary.wiley.com/doi/full/10.1111/j.1600-0706.2010.18644.x.

3. Caspar A. Hallmann et al., "More Than 75 Percent Decline Over 27 Years in TotalFlying Insect Biomass in Protected Areas, *PLOS ONE* 12, no. 10 (October 2017):e0185809, https://doi.org/10.1371/journal.pone.0185809.

4. Francisco Sánchez-Bayo and Kris Wyckhuys, "Worldwide Decline of theEntomofauna: A Review of Its Drivers," *Biological Conservation* 232 (April 2019): 8–27, https://doi.org/10.1016/j.biocon.2019.01.020.

5. Jamie Ellis, "The Honey Bee Crisis," Outlooks on Pest Management 23, no. 1(February 2012): 35–40, https://doi.org/10.1564/22feb10.

6. Laura A. Burkle, John C. Marlin, and Tiffany M. Knight, "Plant- PollinatorInteractions over 120 Years: Loss of Species, Co- Occurrence, and Function," *Science*, March 29, 2013, Vol. 339, Issue 6127, pp. 1611–15, https://www.science.org/lookup/doi/10.1126/science.1232728.

7. Sarina Jepsen et al., *Conservation Status and Ecology of Monarchs in the United States* (Arlington, VA and Portland, OR: NatureServe and the Xerces Society, 2015), https://www.natureserve.org/sites/default/files/news-items/files/natureserve-xerces_monarchs_usfs-final.pdf.

8. "Bat Pollination," US Forest Service, accessed August 27, 2021, https://www.fs.usda.gov/managing-land/wildflowers/pollinators/who-are-the-pollinators/bats.

9. Christian Schwägerl, "What's Causing the Sharp Decline in Insects, and Why ItMatters," *Yale Environment 360*, July 6, 2016, https://e360.yale.edu/features/insect_numbers_declining_why_it_matters.

10. "Passion for Pollinators," Illinois Department of Natural Resources, accessedSeptember 2021, https://dnr.illinois.gov/education/pollinatormain.html.

11. Susannah B. Lerman, Alexandra R. Contosta, Joan Milam, and Christofer Bang, "To Mow or to Mow Less: Lawn Mowing Frequency Affects Bee Abundance andDiversity in Suburban Yards," *Biological Conservation*, vol. 221 (May 2018): 160–174, https://doi.org/10.1016/j.biocon.2018.01.025.

12. 국내에서는 '네이처링'이라는 플랫폼을 통해 전문가와 시민이 참여하는 생물 다양성 모니터링을 진행하고 있으며, '스쿨네이처링'(인천의 학교들과 운영 중)을 통해 초중고 학생들이 학교 생태지도 작성, 수분 매개 곤충 조사, 새 탐조 등과 관련된 생태 모니터링을 운영하고 있습니다. _옮긴이

8장 습지

1. Natural Resources Conservation Service, "Restoring America's Wetlands: A Private Lands Conservation Success Story," USDA, accessed August 27, 2021, https://dep.nj.gov/njfw/wp-content/uploads/njfw/Restoring_Americas_Wetlands_NRCS.pdf.
2. "Wetlands Disappearing Three Times Faster Than Forests," UN Climate Change News, October 1, 2018, https://unfccc.int/news/wetlands-disappearing-three-times-faster-than-forests.
3. "Wetlands Disappearing Three Times Faster," UN Climate Change News.
4. "Wetlands Disappearing Three Times Faster," UN Climate Change News.
5. "Coastal Wetlands: Too Valuable to Lose," National Oceanic and AtmosphericAdministration, last updated January 22, 2021, https://www.fisheries.noaa.gov/national/habitat-conservation/coastal-wetlands-too-valuable-lose.
6. 국내 습지 면적의 감소도 우려할 만한 수준입니다. 2018년 전국 연안 습지 면적은 2,482k㎡로, 1987년의 3,203.6k㎡에 비해 약 25% 감소했습니다(출처: KOSIS 국가통계포털, 연도별 연안 습지 면적 변화 통계). 우리나라의 대표적인 간척사업으로는 새만금 간척사업이 있으며, 간척사업 이후 2005년 31종이었던 조류가 2009년에는 13종으로 감소했고, 도요새와 물떼새는 16만여 개체에서 4,800개체로 97% 급감했습니다(출처: 국립생물자원관, 「국가생물다양성 통계자료집」, 2021). _옮긴이
7. 우리나라에는 연안습지 7곳과 내륙 습지 19곳이 람사르습지로 등록되어 있습니다. 2024년 5월 기준으로, 총 26개의 람사르 습지가 있습니다. _옮긴이
8. 국내에는 다양한 비영리 단체들이 갯벌과 습지 생태계를 보호하고 모니터링하는 활동을 하고 있습니다. 예를 들어, 새만금시민모니터링단, (사)한국물새네트워크, (사)EAAFP(철새이동경로네트워크), 한국습지학교네트워크(인천, 전남, 경남, 제주 교육청), 저어새와 친구들, 경남 람사르습지 시민과학조사단, 영종갯벌 보존을 위한 조류모니터링단, 고창갯벌모니터링단 등이 있습니다. 각 지역의 갯벌과 갯벌에 사는 저서생물, 물새와 관련된 시민과학 모니터링단이 있으니, 자신이 사는 지역에 갯벌과 습지가 있다면 꼭 찾아보세요. _옮긴이

9장 산호초

1. "Shallow Coral Reef Habitat," National Oceanic and Atmospheric Administration, last updated January 21, 2020, https://www.fisheries.noaa.gov/national/habitat-conservation/shallow-coral-reef-habitat.

2. National Institute for Mathematical and Biological Synthesis (NIMBioS), "StudyProjects Unprecedented Loss of Corals in Great Barrier Reef Due to Warming," ScienceDaily, January 22, 2015, https://www.sciencedaily.com/releases/2015/01/150122103242.htm.
3. "Coral Reef Ecosystems," National Oceanic and Atmospheric Administration, lastupdated February 1, 2019, https://www.noaa.gov/education/resource-collections/marine-life/coral-reef-ecosystems.
4. Terry P. Hughes et al., "Ecological Memory Modifies the Cumulative Impact of Recurrent Climate Extremes," Nature Climate Change 9 (2019): 40–43, https://www.researchgate.net/publication/329540135_Ecological_memory_modifies_the_cumulative_impact_of_recurrent_climate_extremes; Andreas Dietzel, Michael Bode, Sean R. Connolly, and Terry P. Hughes, "Long-Term Shifts in the Colony Size Structure of CoralPopulations Along the Great Barrier Reef," *Proceedings of the Royal Society B: BiologicalSciences 287*, no. 1936 (October 2020), https://doi.org/10.1098/rspb.2020.1432.
5. "Coral Reef Ecosystems," National Oceanic and Atmospheric Administration.
6. "Coral Reef Ecosystems," National Oceanic and Atmospheric Administration.
7. Robert Brumbaugh, "Healthy Coral Reefs Are Good for Tourism— And TourismCan Be Good for Reefs," World Economic Forum, June 21, 2017, https://www.weforum.org/agenda/2017/06/healthy-coral-reefs-are-good-for-tourism-and-tourism-can-be-good-for-reefs/.
8. 자외선 차단제는 크게 유기자차와 무기자차로 나뉩니다. 이 중 유기자차의 대표적인 성분인 옥시벤존은 돌산호의 골격 형성을 방해하거나 골격을 약하게 만들며, 생식 세포와 유생의 이상을 초래할 수 있습니다. 따라서 무기자차를 사용하는 것이 좋습니다. _옮긴이
9. "Managing Wastewater to Support Coral Reef Health, Resilience," UN EnvironmentProgramme, November 27, 2018, https://www.unenvironment.org/fr/node/23977.

10장 바다

1. Roland Geyer, Jenna R. Jambeck, and Kara Lavender Law, "Production, Use, andFate of All Plastics Ever Made," *Science*, vol. 3, no. 7, (July 2017): e1700782, https://doi.org/10.1126/sciadv.1700782.
2. "The New Plastics Economy: Rethinking the Future of Plastics," World Economic Forum, January 2016, http://www3.weforum.org/docs/WEF_The_New_Plastics_Economy.pdf.

미주

3. Alexandra Simon-Lewis, "Humans Have Generated One Billion Elephants Worth of Plastic," *Wired*, July 19, 2017, https://www.wired.co.uk/article/global-total-plastic-waste-oceans.
4. Chris Wilcox, Erik Van Sebille, and Britta Denise Hardesty, "Threat of PlasticPollution to Seabirds Is Global, Pervasive, and Increasing," PNAS 112, no. 38(August 2015): 11899–11904, https://doi.org/10.1073/pnas.1502108112.
5. Emily M. Duncan et al., "Microplastic Ingestion Ubiquitous in Marine Turtles,"*Global Change Biology*, vol. 25, no. 2 (February 2019): 744–752, https://doi.org/10.1111/gcb.14519.
6. Chelsea M. Rochman et al., "Anthropogenic Debris in Seafood: Plastic Debris andFibers from Textiles in Fish and Bivalves Sold for Human Consumption," ScientificReports 5 (2015), https://doi.org/10.1038/srep14340.
7. "Ocean Acidification," National Oceanic and Atmospheric Administration, lastupdated April 1, 2020, https://www.noaa.gov/education/resource-collections/ocean-coasts/ocean-acidification.
8. *The State of World Fisheries and Aquaculture 2016: Contributing to Food Security andNutrition for All* (Rome: FAO, 2016), http://www.fao.org/3/i5555e/i5555e.pdf.
9. "Why Should We Care About the Ocean?" National Ocean Service, NOAA, accessed August 27, 2021, https://oceanservice.noaa.gov/facts/why-care-about-ocean.html.
10. "Ocean & Coasts," National Oceanic and Atmospheric Administration, last updatedAugust 24, 2021, https://www.noaa.gov/oceans-coasts.
11. Jenna R. Jambeck, et al., "Plastic Waste Input from Land into the Ocean." Science, vol. 347, no. 6223, pp. 768–771, https://science.sciencemag.org/content/347/6223/768.full. Accessed 22 March 2021.
12. 실리콘 접이식 다회용기, 스테인리스 빨대, 다회용 식기, 수저통 등을 가방에 가지고 다니는 습관을 길러 보세요. 이를 통해 많은 일회용품을 줄이고 거절할 수 있습니다. _옮긴이
13. "Top Ten Items," Ocean Conservancy, May 9, 2017, https://oceanconservancy.org/news/top-ten-items/.
14. 일상에서 물티슈나 휴지 사용을 줄일 수 있습니다. 가정에서는 소창 행주나 면보, 걸레를 활용하고, 외출 시에는 가제 수건이나 핸드타월을 가지고 다니면 레저나 여가 활동 시 유용하게 사용할 수 있습니다._옮긴이
15. 국내 업체로는 LAR, 리프니, 올버즈 등이 있습니다. _옮긴이
16. 해양환경정보포털(https://www.meis.go.kr/portal/main.do)에서 우리나라의 해양 정화 활동에 대한 정보

를 확인할 수 있습니다. _옮긴이

11장 극지방과 지구의 기후

1. Ann Neumann, "Katharine Hayhoe: God's Creation Is Running a Fever," *Guernica*, December 15, 2014, https://www.guernicamag.com/gods-creation-is-running-a-fever/.
2. Richard L. Thomas, Jacqueline Richter- Menge, and Matthew L. Druckenmiller, eds., Arctic Report Card 2020 (NOAA, 2020), https://arctic.noaa.gov/Portals/7/ArcticReportCard/Documents/ArcticReportCard_full_report2020.pdf.
3. Matt McGrath, "Climate Change: Last Decade Confirmed As Warmest on Record," BBC, January 15, 2020, https://www.bbc.com/news/science-environment-51111176; "Climate Dashboard," Met Office, accessed August 28, 2021, https://www.metoffice.gov.uk/hadobs/monitoring/dashboard.html; "NASA, NOAA Analyses Reveal 2019 Second Warmest Year on Record," NASA, January 15, 2020, https://www.nasa.gov/press-release/nasa-noaa-analyses-reveal-2019-second-warmest-year-on-record.
4. John Wihbey, "Pros and Cons of Fracking: 5 Key Issues," Yale Climate Connections, May 27, 2015, https://yaleclimateconnections.org/2015/05/pros- and- cons- of- fracking-5-key- issues/.
5. 국내에서는 한국기후·환경네트워크에서 제공하는 탄소발자국 계산기(https://www.kcen.kr/tanso/intro.green)를 이용할 수 있습니다. _옮긴이
6. "SDG7: Data and Projections," International Energy Association, October 2020, https://www.iea.org/reports/sdg7-data-and-projections.
7. 국내의 경우 (사)한국패시브건축협회(https://www.phiko.kr/)를 통해 단열재를 확인할 수 있습니다. _옮긴이
8. "Thermostats," Department of Energy, accessed August 27, 2021, https://www.energy.gov/energysaver/thermostats.
  겨울철 실내 온도를 섭씨 18~19도로 유지하며, 내복과 수면양말을 챙겨 입는 습관을 들이면 건강과 난방비 절약에 도움이 됩니다. _옮긴이
9. "Plant- Rich Diets," Project Drawdown, accessed August 27, 2021, https://drawdown.org/solutions/plant- rich- diets.
10. 2024년 6월 기준, 국내에는 약 56개의 방목생태축산 지정 농장이 있습니다. https://eco-pasture.kr/. _옮긴이

11. Stephen R. Shifley et al., "Criterion 5: Maintenance of Forest Contributions toGlobal Carbon Cycles," in Forests of the Northern United States (Newtown Square, PA: USDA Forest Service Northern Research Station, 2012), 74–78, https://research.fs.usda.gov/treesearch/40227.
12. "Electric Cars," Project Drawdown, accessed August 28, 2021, https://drawdown.org/solutions/electric-cars.
13. "Electricity," Project Drawdown, accessed August 28, 2021, https://drawdown.org/sectors/electricity.
14. "Offshore Drilling Fuels the Climate Crisis and Threatens the Economy," Oceana, January 2021, https://usa.oceana.org/reports/offshore-drilling-fuels-climate-crisis-and-threatens-economy/.
15. 국내의 경우 KBS의 환경스페셜과 EBS의 환경다큐는 해당 방송사 공식 사이트나 유튜브를 통해 무료로 시청할 수 있으며, 환경에 대한 깊이 있는 정보를 제공해 매우 유익합니다. 또한, 유튜브에서는 서울환경연합 채널(예: 쓰레기박사 시리즈)과 국립생태원 채널 등 다양한 환경 관련 채널도 시청할 수 있습니다. _옮긴이

감사의 말

어머니, 온유함과 사랑으로 동물을 돌보는 방법을 가르쳐 주셔서 감사합니다. 앞마당의 너구리를 위해 만들어 주신 마시멜로에 대한 추억은 잊지 못할 거예요(비록 최고의 야생동물 관리 전략은 아니었지만, 저는 그런 엄마를 사랑합니다.).

아버지, 일찍부터 이 책을 쓸 수 있도록 격려해 주시고 다양한 생각의 싹을 틔워 주셔서 감사합니다. 두 분 모두 제 과학적 탐구와 신앙을 상호 보완적으로 지지해 주셨으니 이 책은 그야말로 부모님의 놀라운 협력의 결과라고 생각합니다.

제 룸메이트이자 가장 친한 친구인 에스더에게도 고마움을 전합니다. 책 집필이라는 산을 오르는 저를 끊임없이 격려하고, 꾸준히 달리는 제 모습을 상상해 주었습니다. 그것은 분명 제게 힘이 되었어요.

또한 제 팟캐스트 팀원인 클레어와 리즈, 팀, 마이클, 트리스탄, 저스티나, 마이크에게도 감사를 전합니다. 팬데믹 기간에 이 책을 준비하면서 중요한 순간마다 여러분의 동료애와 웃음 덕분에 (대체로) 제정신을 유지할 수 있었습니다.

예일대 교수님들에게도 깊은 감사를 드립니다. 해어 교수님은 줄리아 노리치의 "모든 것이 잘되고 만사가 형통하리라"라는 말을 기억하게 해주셨습니다. 고든 교수님은 기독교 신앙의 역사를, 특히 신앙과 과학의 상관관계를 이야기해 주셨습니다. 에이텔 교수님은 저의 글쓰기와 신학 공부에 지혜를 주시고 지도와 격려를 아끼지 않으셨습니다. 베르거 교수님은 모든 피조물이 하나님을 찬양하는 일에 참여하도록 해주셨습니다. 마리베스 데커 교수님은 해양에 대한 통찰력을 보여 주시고 해양의 순환과 그 생물학적 의미에 대한 제 생각을 정리할 수 있도록 도와주셨습니다. 쉬미 교수님은 습지를 가로지르는 게를 잡아 주시고 우리가 해안 생태계에 대해 배우는 데 큰 관심을 가져주셨습니다. 프라이덴부르크 교수님은 습지에 대한 통찰을 나눠 주셨습니다. 모두 감사합니다.

글쓰기 지도 교수님인 벌린 클링켄보그와 크리스 위먼에게 특별히 감사드립니다. 벌린 교수님은 제 글쓰기와 신앙을 날카롭게 보고 솔직하게 비평해 주셨습니다. 크리스는 제가 새 하늘과 새 땅에 대한 글을 쓸 수 있도록 도와주셨습니다.

메리 이블린 터커 교수님과 존 그림 교수님, 종교와 생태에 관한 예일 포럼에서의 모든 노고에 감사드립니다. 이 신성한 지구를 회복하기 위해 우정을 나누며 기독교 공동체와 함께 노력하는 두 분의 방식에 깊이 감동했습니다. 또한 이 책을 지지하고 후원해 주신 아로샤 USA와 복음주의 환경 네트워크의 열정적인 분들에게도 감사드립니다.

이 책의 편집자인 다니엘과 보니에게도 깊은 감사의 마음을 전합니다. 다니엘, 이 책에 대한 비전과 열정을 공유하고, 이 책이 저 혼자만의 작품이 아니라는 사실을 일깨워 주셔서 감사합니다. 보니, 이 프로젝트를 체계적으로 완성하는 데 큰 역할을 해주고, 실용적인 팁의 중요성을 강조해 주셔서 감사합니다. 그리고 이 책에 나오는 자연과 특정 생물의 서식지, 아이디어를 생생하게 표현해 주신 미술팀인 MUTI와 티파니에게도 감사합니다.

연구 과정에서 매일 마주한 지구의 고통과, 그로 인해 가난한 사람들이 겪는 어려움을 보면서 깊은 우울에 빠진 나를 붙잡아 주신 창조주 하나님께 감사합니다. 이 책이 하나님의 뜻에 따라 창조 세계를 치유하고 환경 파괴로 고통받는 사람들을 돕는 도구가 되기를 소망합니다. 그리스도를 통한 우주적 차원의 회복을 위한 하나님의 계획에 영원히 감사드립니다.

마지막으로 코로나19 팬데믹 기간에 밤낮으로 집에 머물며 글을 쓰는 제 곁을 지켜 준 고양이 아리스토텔레스에게도 감사의 말을 전합니다. 넌 지구상에 있는 모든 연어 간식을 받을 자격이 있어. 물론 지속 가능한 방식으로 공수해 온 연어로 말이야.

벳시 페인터

옮긴이의 말

이 책을 번역하며 글을 적어 내려가는 동안 소설가 존 쿳시가 자주 쓰는 문장이 떠올랐습니다. 바로 "앎을 살아낸다"라는 문장입니다. 엄마이자 교사로서 교사선교회(TEM) 공동체 안에서 평범한 삶을 살아가던 저희는 2021년 팬데믹을 겪으며 또 한 번 하나님의 손길을 경험했습니다. 어떤 앎은 자신을 지적으로 성장시키는 데 그치지만, 어떤 앎은 인생을 변화시키기도 합니다.

저희는 하나님을 믿으면서도, 맡겨진 존재와 이웃, 사회, 더 나아가 세상을 어떻게 사랑해야 할지 몰랐고, 사랑할 자신도 없었습니다. 그러나 어느 순간, 집에서 나오는 작은 쓰레기 조각 하나가 대서양을 건너 바닷가에서 아이들의 먹거리가 되고, 피부와 삶의 문제로 연결된다는 사실을 알게 되었습니다. 또한, 제가 쉽게 흘려보내는 물이 누군가에게는 간절히 그리던 물 한 방울이라는 것, 제가 소비하던 옷과 전자 제품, 먹거리가 누군가의 열악한 환경 속에서 착취된 노동의 대가라는 것 또한 알게 되었습니다. 그때부터 따뜻했던 겨울과 시원했던 여름이 불편해졌습니다. 삶은 불편해졌고, 인생은 더욱 무거워졌습니다.

처음에는 알아버렸으니 해야만 할 것 같고, 누군가는 나서야 할 것 같다는 조급함과 당위성이 컸습니다. 하지만 시간이 지나면서 앎이 깊어질수록, 하나님이 만드시고 지속하시는 이 세상이 하나님의 현존으로 감싸여 있음을 느끼기 시작했습니다. 과학적 이해가 깊어질수록 경이로움이 무엇인지 조금씩 알아가게 되었습니다. 제가 딛고 서 있는 땅, 보이지 않는 생명체, 계절마다 들려오는 새소리, 호흡하는 공기, 그리고 주변 생명과 비생명체와의 끊임없는 상호작용과 연결 앞에서 이전에는 느끼지 못했던 감각들이 살아나며 깨어났습니다. 그러면서 이들에게 빚진 마음이 들었고, 사랑해야만 하는 것들로 제 마음이 가득 차기 시작했습니다. 자연스레 기도의 방향도 바뀌었습니다. 나 자신을 위한 기도가 고통받는 피조 세계를 위한 기도로 옮겨지기 시작한 것입니다.

하지만 이 거대한 자본주의, 가속주의, 능력주의로 둘러싸인 세상에서 작은 실천을 이어 가며 외로움과 무력함을 느끼기도 했습니다. 이 잔인하고 견고한 세상에서 함께할 누군가가 필요했습니다. 그렇게 함께 살아가자고, 책임지자고, 함께 울고 사랑하자며 모인 사람들이 바로 '다음 세대를 위한 기도 삶(다기삶)'입니다. 교사선교회 안에서 세상의 문제를 함께 고민하고 실천하며, 넘어지면 다시 일으켜 줄 동역자들이 지금까지 든든히 세워져 가고 있습니다. 하나님께서는 '다기삶'을 통해 함께 모이고, 기도하며, 돌보는 삶을 힘쓰라고 말씀하십니다.

돌아보면 모든 것이 은혜입니다. 이 공동체가 성령의 충만함 속에서 선교회와 학교, 교회, 가정에서 예수 그리스도를 닮아 가는 능동적인 삶을 살아가길, 그리고 씨 뿌리는 자의 역할을 잘 감당하길 기도합니다. 또한 템북과의 귀한 인연으로 능력 부족한 저희가 번역이라는 귀한 사역을 감당할 수 있게 하신 하나님께 감사드립니다.

하나님을 아는 인생은 우리가 연결되어 있음을 깨닫는 인생입니다. 약한 메시아로 오신 예수님께서 지금 이 땅에 계신다면 어떤 사역을 하고 계실까요? 예수님은 소외된 생명, 약한 생명, 차별받는 생명, 고통받는 생명, 피조 세계의 신음을 결코 외면하지 않으실 것입니다. 그리고 믿는 자들을 통해 그분의 사랑과 정의를 흘려보내실 것입니다. 이 책을 통해 여러분도 '다기삶'에 연결되기를 바랍니다.

다기삶의 시

지금 여기,
주님이 지으신 이 날,
이 땅의 모든 눈물이 노래가 되겠지.
생명과 평화가 춤추는 세상을 향한 노래.

옮긴이를 대표하여 정진화

부록

기독교 신앙에 바탕을 둔 환경 단체
기독교환경교육센터 살림: https://www.eco-christ.com
기독환경연대((사)교회사회환경연구소): https://greenchrist.org

국내 환경단체
녹색연합: https://www.greenkorea.org
환경운동연합: http://kfem.or.kr
생태교육센터 이랑: http://ecoeduirang.org
가톨릭환경연대: http://www.cen.or.kr/home/community
자연의 벗: http://www.ecobuddy.or.kr
생명의 숲: https://forest.or.kr
국가환경교육 통합플랫폼: https://www.keep.go.kr
국립생태원: http://www.nie.re.kr
환경재단: https://www.greenfund.org
녹색연합과 환경운동연합은 각 지역에 지부를 두고 있으며, 생태 교실, 체험 활동, 모니터링 등 다양한 프로그램을 운영하고 있습니다.

생태, 환경 레터, 최근의 동향 등 알려주는 환경 단체

지구용 레터: https://page.stibee.com/archives/110917
기행레터: https://gihang.stibee.com
위클리어스: https://ecoview.or.kr/weeklyearth
뉴스펭귄: https://www.newspenguin.com
작은 것이 아름답다: http://jaga.or.kr
생태적 지혜: https://ecosophialab.com
녹색아카데미: https://greenacademy.re.kr

비건, 동물권, 생명윤리 관련 단체

동물해방물결: https://donghaemul.com
동물 행동권 카라: https://www.ekara.org
동물권 자유 연대: https://www.animals.or.kr
비건 소사이어티(월간 비건): https://vegansociety.kr
한국 채식 연합: https://www.vege.or.kr
한국 고기 없는 월요일: https://www.meatfreemonday.co.kr

기타 단체

로드킬 신고: 1588-2504, 지역번호+120, 굿로드앱을 이용한 로드킬 신고, T-map 로드킬 다발구간 안내 및 음성지원 로드킬 신고서비스 에코뱅크(https://www.nie-ecobank.kr/cmmn/Index.do?) 사이트를 이용한 생태공간 정보 서비스를 이용할 수 있습니다.
수리상점 곰손: 우산과 그릇, 소형 전자 제품이나 아이폰, 재봉틀 수선 등 일상에서 수리와 수선 문화를 만들어 가는 공간입니다. https://linktr.ee/hi.gomson
유자학교: 어린이와 선생님, 학부모 등 학교 구성원들의 자발적 참여와 실천을 통해 유해 물질로부터 안전하고 건강한 교육 환경을 만들 수 있도록 지원하는 프로젝트를 진행합니다. https://yujaschool.com
숲과나눔: 환경과 숲을 살리는 운동을 지원합니다. https://koreashe.org
인천녹색연합: 인천 자연생태 곳곳의 가치를 기록하고 알리며 야생동물과 그들의 서식지를 지키기 위한 활동을 합니다. https://greenincheon.org

서울환경연합: 기후 정의를 실현하는 시민운동 플랫폼입니다. https://seoulkfem.or.kr

한국임업진흥원: 산림과학 분야 연구개발 성과의 실용화와 임산물의 생산·유통·정보 제공 등을 통해 임업인 소득증대 및 임산업 고부가가치를 창출하여 임업진흥 활성화합니다. 정기적, 단기적인 시민과학 활동이 다양하게 있습니다. https://www.kofpi.or.kr

한국산림복지진흥원: 전국의 숲 교육 및 체험 관련 장소를 확인할 수 있습니다. https://www.fowi.or.kr

국내 업사이클 브랜드

니울(NiUl.): 폐병뚜껑을 업사이클링 한 열쇠고리를 제작하여 판매하고 수익금은 기부합니다. https://niul.kr

노플라스틱선데이(NoPlasticSunday): 플라스틱 업사이클링(재활용)을 위한 기계설비, 판재 등을 제작 및 판매합니다. https://noplasticsunday.com

에코파티 메아리: 버려지는 가죽과 의류를 재활용하여 각종 제품을 판매합니다. https://mearry.com

네이처앤드피플: 폐목재, 인조피혁 활용한 제품을 생산 및 개발합니다. https://www.withnnp.com

리블랭크: 폐기 의류 및 가죽을 활용하여 각종 제품을 제작 판매합니다. https://reblank.com

큐클리프: 버려지는 우산 현수막 등을 활용하여 각종 제품을 제작, 판매합니다. https://www.cueclyp.com

컨티뉴얼쓰: 자동차 생산 과정과 폐자동차에서 수거한 천연 가죽 시트, 안전벨트 및 에어백 그리고 해양쓰레기와 버려진 소재들을 업사이클링하여 가방 및 신발, 액세서리 등 다양한 제품을 디자인하고 제작합니다. https://wecontinew.co.kr

플리츠마마: 새로운 친환경 소재를 개발하고 상용화하여 각종 가방을 제작, 판매합니다. https://pleatsmama.com

래코드: 재고를 업사이클링하고 지속 가능한 소재를 사용하여 의류를 제작, 판매합니다. https://www.re-code.co.kr

Blueorb: 다양한 리사이클 소재들을 활용하여 지갑, 가방을 제작, 판매합니다. https://www.eqlstore.com

IWP (I was plastic): 플라스틱을 재활용해 가방을 제작, 판매합니다. https://iwasplastic.co.kr

니들앤코: 플라스틱을 재활용하여 니트 제품을 제작, 판매합니다. https://smartstore.naver.com/needlenco

하이사이클: 커피자루와 호텔 페브릭을 활용하여 각종 생활용품을 제작, 판매합니다. https://hicycle.co.kr

119REO: 방화복을 재활용하여 의류와 가방, 다양한 액세서리를 제작, 판매합니다. https://www.119reo.com

BALTGLAS: 재활용이 어려운 병들을 활용하여 업사이클 제품을 제작, 판매합니다. https://baltglas.com

Overlab: 고품질의 레저스포츠 장비를 재활용하여 가방과 모자 등을 제작, 판매합니다. https://www.overlab.kr

RE:BUD: 버려지는 교복을 재활용하여 가방과 모자 등을 제작, 판매합니다. https://www.rebud.co.kr

이 부록은 김유진, 정진화, 최지혜 역자가 독자 여러분의 환경 실천에 작은 길잡이가 되기를 바라며 각 단체를 활동에 따라 분류하여 간략히 정리한 것입니다.

지은이

벳시 페인터

작가이자 보존 생물학자로, 환경보호에 대한 신앙적 관점에 깊은 관심과 열정을 지니고 있습니다. 예일대학교 대학원에서 종교와 생태학을 전공했으며, 구속사적 성서 이야기가 자연의 아름다움과 오늘날의 환경보호에 미치는 희망적인 영향을 연구하고 있습니다.

특히 습지 생태학에 관심이 많아 염습지 탐사를 즐기고, 플랑크톤을 현미경으로 관찰하는 데서 기쁨을 느낍니다. 미국 코네티컷 주 뉴헤이븐에 거주하며, 세인트존스 성공회 교회에 출석하고 있습니다. 또한 가톨릭과 정교회 예배에도 자주 참석하며, 창조 세계 보호를 주제로 한 초교파적 대화를 나누고 교회 간 연합을 촉진하는 데 열정을 쏟고 있습니다.

옮긴이

김유진
호기심이 많고, 배우는 것을 가르치는 것만큼이나 좋아하는 초등학교 교사입니다. 아름다운 창조 세계 안에서 모두가 함께 즐겁기를 바라며, 배운 대로, 믿는 대로 살아가기를 꿈꿉니다. 늘 앞서가는 이들을 열심히 따라가며 성장하고 있습니다.

정진화
코로나를 겪으며 먹고 입고 쓰며 살아가는 모든 것이 세상과 연결되어 있음을 깨달았습니다. 창조 세계의 신음 소리에 그리스도인으로서 어떻게 살아가야 할지 고민하며 같은 고민을 하는 선생님들과 함께 사부작사부작, 좌충우돌, 꾸물거리며 작은 움직임을 만들어 가고 있습니다. 기후 위기 앞에서 작은 저항과 열정을 다해 살아가는 '살림하는 과학 교사'입니다.

최지혜
재미와 의미를 찾는 일이라면 즐겁게 도전하는 초등학교 교사이자 두 아이의 엄마입니다. 취미는 멍때리기이며, 가끔씩 멍해 보이지만 실은 늘 다양한 상상 속에 빠져 있습니다. 별명은 '깍지'. 콩알이 '뽕' 하고 튀어나올 때까지 품 안에서 잘 먹이고 키우는 콩깍지 같은 사람이 되고 싶다는 마음을 담고 있습니다.

다음 세대를 위한 기도와 삶(다기삶) 소개
이 책의 세 역자가 속한 모임 '다기삶'은 하나님의 창조 세계를 기뻐하며, 그 아름다움을 다음 세대에게 물려주기 위해 모인 기독교 교사 공동체입니다. 하나님이 이 땅을 회복시키실 것을 신뢰하며, 이를 위해 헌신합니다. 또한 우리를 통해 흘러가는 하나님의 생명과 평화가 이 땅에 충만하기를 기도하며, 세상을 향한 연민과 사랑을 삶으로 드러내고자 합니다.

그리스도인을 위한
지구 돌봄 안내서

초판 1쇄 인쇄 2025년 1월 2일
초판 1쇄 발행 2025년 1월 20일

지은이 벳시 페인터
옮긴이 김유진 정진화 최지혜
펴낸이 김선희
기획 교사선교회 출판위원회
편집 강민영 **디자인** 정선형
경영지원 이성경 **제작** 이광우 **인쇄** 한국학술정보(주)
펴낸곳 템북
등록 2018년 3월 9일 제2018-000006호.
주소 인천시 중구 흰바위로59번길 8, 1036호.
전화 032-752-7844 팩스 032-752-7840
이메일 tembook@naver.com 홈페이지 tembook.kr

ISBN 979-11-89782-71-9 03230

※ 책값은 뒤표지에 있습니다. 잘못된 책은 구입하신 곳에서 교환해드립니다.